METAVERSE
CONCEPTS, TECHNOLOGIES AND ECOLOGY

元宇宙
概念、技术及生态

成生辉 ◎著

机械工业出版社
China Machine Press

图书在版编目（CIP）数据

元宇宙：概念、技术及生态/成生辉著.--北京：机械工业出版社，2022.3
ISBN 978-7-111-70354-9

I.①元… II.①成… III.①信息经济 IV.① F49

中国版本图书馆 CIP 数据核字（2022）第 042507 号

元宇宙：概念、技术及生态

出版发行：机械工业出版社（北京市西城区百万庄大街 22 号　邮政编码：100037）
责任编辑：赵亮宇　　刘　锋
责任校对：殷　虹
印　　刷：中国电影出版社印刷厂
版　　次：2022 年 4 月第 1 版第 1 次印刷
开　　本：147mm×210mm　1/32
印　　张：10
书　　号：ISBN 978-7-111-70354-9
定　　价：79.00 元

客服电话：（010）88361066　88379833　68326294　　投稿热线：（010）88379604
华章网站：www.hzbook.com　　　　　　　　　　　　读者信箱：hzjsj@hzbook.com

METAVERSE

本书赞誉

　　"元宇宙"在 2021 年成为时髦的概念。元宇宙到底是什么？元宇宙是否是互联网技术的下一次革命？未来人类是否可以实现元宇宙？元宇宙由谁来主导建立？主导者将获得什么好处？在建立元宇宙的过程中究竟有什么风险？作为一名对前沿科技充满好奇的学者，这是我听到这个时髦概念后的第一反应。恰在此时，我的同事成生辉先生送来了他的最新著作，很好地解答了我的困惑。我相信大众中也有很多像我这样迫切需要这方面知识的人，本书完全可以满足大众的需求，故予以大力推荐。

——崔维成　西湖大学工学院讲席教授，国家

"载人深潜英雄"称号获得者，教育部首批

"长江学者特聘教授"

"元宇宙"概念产生于尼尔·斯蒂芬森的科幻小说《雪崩》，因 2021 年 Facebook 宣布更名为 Meta 而引起轰动。它是一个新理念，也有可能成为一种面向未来的技术，逐渐影响人们的生活。在高等教育领域，我们需要这样一本书，给学生答疑解惑，厘清其复杂技术与应用场景。与成生辉认识于一次大学评估，知他思维活跃。他写的《元宇宙：概念、技术及生态》这本书的特点在于，用可视化技术把晦涩的知识展现得简洁易懂，既能辅助相关专业大学生学习，也能满足大众对"元宇宙"知识的了解需求。创新是未来发展的新动能，我们需要了解有发展潜力的新生事物。想认识"元宇宙"，请读《元宇宙：概念、技术及生态》。

——马陆亭　教育部教育发展研究中心副主任，

学术委员会主任，博士生导师

目前关于元宇宙的讨论大多局限在技术层面。本书视野开阔，内容丰富，对元宇宙这个可能改变人类生活的新兴概念进行了全景式的介绍。除了对构建元宇宙所需的各种关键技术，如计算机图形、区块链、大数据、沉浸式交互等进行简明扼要的介绍外，全书一半的篇幅讨论了诸如元宇宙的资产观、元宇宙安全、元宇宙与法律、元宇宙与投资等重大议题。本书作者受过严谨的学术训练，又多年从事跨学科的研究与实践，对新兴技术有敏锐的直觉，所以能够独立完成这本非常及时的书，为读者指点迷津，特此推荐。

——屈华民　香港科技大学计算机与

工程系讲座教授，新兴跨学科领域学部主任，

跨学科课程事务处处长

作为一个新兴的技术革命，元宇宙注定将影响人们工作生活的方方面面。元宇宙的发展依赖于互联网和计算机领域的技术进步，元宇宙的应用又取决于和教育、医疗、科研、娱乐、生产、管理、经济各个领域的融合。在元宇宙快速发展的时代，如何理解和掌握元宇宙的概念，了解它涉及的技术，引领它在各行各业的发展和应用是一个难题。元宇宙是什么？从哪里来？到哪里去？如果你对这些问题有疑惑，那么这本书可以解答你的疑问。本书深入浅出地介绍了元宇宙的来龙去脉，完整地展示了元宇宙涉及的技术领域，介绍了元宇宙的应用场景和发展方向，为元宇宙方向的从业者和希望了解元宇宙的入门读者提供了及时且完善的参考。

——徐晓音　哈佛大学医学院布莱根妇女医院

在过去的数十年中，人类社会见证了信息技术飞速发展带来的天翻地覆的变化。而和 60 年前互联网的发端不同，当下"元宇宙"从一开始就受到了一众媒体的热捧，跨国企业也不甘落后，纷纷开始跑马圈地。元宇宙是未来的技术方向还是只是一个暂时的热点？在新的时代如何考虑技术对人类社会的正面或者负面影响则是摆在人类面前的巨大挑战。在种种迷雾之

下，这本书提供了一个很好的窗口和视角，更多地从技术角度来向大众解释元宇宙和各种技术的关联，帮助大众更好地了解相关知识，引发大众的思考。

——袁晓如　北京大学智能学院研究员

元宇宙正在渗入年轻人的日常生活。元宇宙这个概念对于我来说是可以想象但还不知道怎样去参与和实践的新鲜事物。成生辉博士的最新著作让我眼前一亮，虽然它不能解决我的一些困惑（个人认为完全去中心化、无边界是行不通的，无序需要有序来管控，能量是守恒的等等），但还是一本非常值得一读的介绍性著作。读者在阅读时可以思考怎样在虚拟现实和真实世界之间做到变通，进而更好地参与进去，尤其是虚拟数字货币、元宇宙科技等，推荐阅读。

——张正军　美国威斯康星大学计算机、信息和数据

科学学院统计系教授，IMS 会士，ASA 会士

元宇宙有望重塑社会、商业和我们所有人的生活。我们正在进入一个新时代——我们的虚拟存在变得比物理世界更重要。对于任何想了解元宇宙的读者来说，这本书是一个很好的起点。

——Steve Hoffman　硅谷著名创业家、天使投资人，

Founders Space CEO

METAVERSE

前　言

在过去的一段时间里，"元宇宙"几乎成了一个家喻户晓的概念。与它相关的股价急速拉升，元宇宙里面的地价也不断提高。与之相关的创业公司同样成为资本市场的黑马。同时，不少科技巨头（如百度、Facebook[⊖]、NVIDIA 等）纷纷布局元宇宙，这些巨头的投入以及媒体的宣传，极大地提高了人们对元宇宙的关注度。

当下元宇宙这个概念非常火热，而其背后的技术细节及实现方法比较复杂，很多人不甚了解，正在积极寻求这方面的书籍。然而，这方面的书籍目前还比较少。市面上常见的介绍元宇宙的书，主要还是以概念和科普为主，很少有特别强调技术

的。针对这一需求，我创作了本书来阐述元宇宙的概念，元宇宙中常用的 Web 3.0、区块链、VR/AR 等技术，以及与其相关的社交、资产、安全、法律等组成的元宇宙生态。

本书首先介绍元宇宙的概念，以及元宇宙的起源与发展、布局与架构，随后介绍与元宇宙密切相关的 Web 3.0、大数据和人工智能等技术。针对元宇宙的构造以及身临其境的"浸入式"功能，本书介绍了沉浸式交互技术，其中包括虚拟现实、增强现实、混合现实、扩展现实等，以及相应的原理和应用案例。针对元宇宙中的交易，本书介绍了区块链技术以及与之相关的数字货币的概念、种类和特点。之后，本书介绍了元宇宙中的社交观与资产观。其中社交观讨论了社群和数字生命等概念，资产观讨论了数字资产和虚拟地产等概念。针对元宇宙中的安全问题，本书介绍了元宇宙的技术安全与法律风险。最后介绍了元宇宙的投资及前景分析。

为了方便读者更好地获取元宇宙的资料，并分享相关的前沿研究，我们开发了元宇宙的学习交流网站 www.meta-verse.ac.cn。读者在阅读本书的同时，也可进入网站和大家一起交流分享。同时，衷心地希望读者在学习之余，也能给我们提出宝贵的意见和建议。

METAVERSE

致　　谢

　　感谢孟怡然、王俊伟、马堃、郭晓晴、韩学洋、张晶、刘铂晗、成悦明、莫晨晨、厉鼎等为本书的出版做出的巨大贡献。

　　感谢崔维成、马陆亭、屈华民、袁晓如、徐晓音、张正军、Steve Hoffman 等专家教授在本书的写作过程中提出了宝贵的意见和建议。

METAVERSE

目　录

第 4 章　元宇宙与区块链　　　　111

04

第 5 章　**元宇宙与社交观**　147

第 8 章　**元宇宙与法律**　　229

08

第 9 章　元宇宙与投资　259

METAVERSE

01

第 1 章

元宇宙入门

2021 年 Roblox 凭借元宇宙概念在纽交所上市，Face-book 宣布成立元宇宙公司，并更名为 Meta，元宇宙已成为全球众多科技巨头的最新目标。发展元宇宙也是 Facebook 收购 Oculus VR 及大力研发新宣布的 Horizon 虚拟世界和许多其他项目（例如 AR 眼镜和脑机接口）背后的驱动力。图 1.1 为集合了网络上科技巨头对元宇宙的评论后生成的词云图，可以看出，在这些评论集合中，区块链、虚拟世界、Facebook、3D、VR等词频繁出现。基于当下的技术发展，元宇宙是否是互联网技术的下一次革命成为当下最热门的话题之一。而元宇宙到底是什么？在未来是否真的可以实现元宇宙？元宇宙由谁来建立？本章将通过介绍元宇宙的概念、元宇宙的起源与发展、元宇宙的布局及元宇宙的架构几个方面，对元宇宙进行初步的描述和介绍。

图 1.1　元宇宙相关概念词云图

1.1　元宇宙的概念

元宇宙（Metaverse⊖）也称为后设宇宙、形上宇宙、元

⊖　Metaverse一词由英文前缀"meta"（超越）与"universe"（宇宙）的尾部"-verse"组成，简称MVS。

界、超感空间、虚空间。它是一个持久化和去中心化的在线三维虚拟环境，其中的所有事件都是实时发生的，且具有永久的影响力。对于"元宇宙"的概念至今没有准确的定论，在维基百科中这样描述"元宇宙"：元宇宙是通过虚拟增强的物理现实，是呈现收敛性和物理持久性特征的、基于未来互联网的具有连接感知和共享特征的 3D 虚拟空间[⊖]。

元宇宙被视为互联网的下一次革命。然而各界对元宇宙的终极形态还没有一个明确的定论。目前，公认的元宇宙核心属性（见图 1.2）有以下几点。

（1）无边界性（boundless）

作为一个 3D 虚拟空间，元宇宙消除了物理形态的障碍。它是一个无尽的空间，对可以同时使用它的参与者人数、可以进行的活动类型个数以及可以进入的行业个数等没有任何限制。另外，无边界性体现在元宇宙比当前的互联网平台有更强的可访问性上，它是开源开放的，所有参与者都可以根据自身的不同需求在元宇宙中进行创造，元宇宙的用户就是元宇宙内的消费者，同时也是创作者。每个参与者不仅可以购买、使用别人创作的内容，例如虚拟身份及 NFT（Non-Fungible Token，非同质化代币）等，也可以自己进行创作。在这种模式下，元宇宙的边界将不断地被拓展。

（2）永续性（persistent）

元宇宙的永续性体现在两个方面：一是元宇宙不存在"关机"或"重启"等操作，用户可以随时在世界的任何地方利用装置自由地与元宇宙连接，这保证了用户的体验感是连续的。

⊖ https://zh.m.wikipedia.org/wiki/ 元宇宙。

高拟真度
元宇宙是一个具有高沉浸感及高互动性的虚拟空间

去中心化
元宇宙不属于任何一个"中心化"的组织，而是由不同的参与者者独立运营的

社交体验
元宇宙是由所有参与者共创、共享的世界，其将创造出完全崭新的社交关系与社交体验

经济系统
元宇宙内可以使用统一的数字货币，运行着由加密货币驱动的虚拟经济系统

无边界
元宇宙是一个无尽的空间，它要能与现实世界无缝对接

永续性
元宇宙不会结束或重置，而是以开源开放的方式运行并无期限地持续发展下去

图 1.2 元宇宙的特性

这种特性可以模糊掉用户在进入元宇宙时的不真实感，使元宇宙成为与现实世界并行的平行世界（见图1.3）；二是元宇宙不会停止或被重置，而是以开源开放的方式无期限地持续发展下去，元宇宙内的每一个参与者既是元宇宙的"用户"，也是保证元宇宙可以持续发展的"创造"者。

图1.3　虚拟与现实的无缝衔接

（3）高拟真度（immersive）

具有高拟真度是构建元宇宙的基本条件。现实世界发生的一切都可以同步在元宇宙中实现。虚拟现实技术、体感技术及交互技术的发展使得参与者可以在元宇宙内有极高的沉浸感。在这个虚拟空间内，人类可以充分调动感官参与到元宇宙世界中。作为一个高度逼真的虚拟空间，元宇宙还有可以随着用户需求变换环境、颜色及光亮的能力（见图1.4）。

（4）去中心化（decentralized）

去中心化在元宇宙中有两种含义：其一是元宇宙是以去中心化的方式运行的，不归属于某一个特定平台或公司；其二是指元宇宙的网络架构是去中心化的。近几年技术的进步使得去中心化网络成为可能。去中心化的网络就是将数据处理工作分布在多个设备上，而不再依赖于单个中央服务器。每一个单位设备都是可以与其他节点独立交互的迷你中央处理器。因此，即使其中一个主节点崩溃或遭到攻击，其他服务器也可以正常运转，用户可以继续传输和访问数据。而诸如云计算和边缘技术的发展也为计算机及其他设备配备了更优越的数据处理能力，大大提升了数据传输及访问的速度。

图 1.4 高拟真度

（5）经济系统（economic system）

经济体系是能够保证有效组织和分配生产要素及资源的基础。元宇宙作为现实世界的映射，构建虚拟经济系统是整个元宇宙架构中必不可少的一环。虚拟经济不仅可以让参与者在虚拟世界中交换数字资产，也是能够激励更多参与者在元宇宙中输出内容的有效方式。元宇宙中的经济系统基于区块链技术，区块链技术也将是实现去中心化运营方式的重要技术之一，区块链点对点的传输方式可以确保虚拟世界中的所有交易都是公开的，因此，在没有"中心化"组织的管理下，也可以保障参与者数字资产的安全。

图 1.5 展示了目前市场上较为流行的几种虚拟货币。其中比特币是最为大家熟知的虚拟货币，2008 年，中本聪提出了比特币的概念，2009 年比特币创世区块诞生，之后引发了数字货币的热潮，截止到 2021 年 11 月，比特币的价格已逼近七万美元一枚。

图 1.5 市场上的部分虚拟货币

（6）社交体验（social experience）

互联网的发展已经改变了人们的生活，互联网时代的社交更是颠覆了人们的传统社交模式。而元宇宙会进一步地拓展互联网社交的边界。因为元宇宙的核心是"生活"在这个虚拟空间中的每一个用户，所有参与者都可以在这里共同体验、共同创造及共同分享生成的内容。现实世界中的传统秩序在"去中心化"的运营模式下被完全打破，模糊了现实和虚拟边界的元宇宙将创造出完全崭新的社交关系及社交体验（见图 1.6）。

图 1.6　元宇宙中的社交

1.2　元宇宙的起源与发展

　　20 世纪 60 年代互联网诞生以后，互联网技术已经经历了数次迭代。从门户搜索到移动互联网，再到现在的物联网概念，人们的生活因为互联网技术的发展而发生了革命性的变化。元宇宙被认为是互联网技术的下一次革命，它的构建依托于先进的数字化技术。在了解元宇宙时代之前，我们首先来了解一下互联网的迭代历程，如图 1.7 所示。

1.2.1　互联网革命

1. 互联网诞生

　　互联网始于 20 世纪 60 年代，起初，它是政府研究人员共享信息的一种方式。60 年代的计算机体积庞大且难以移动，为了能够使用存储在计算机中的信息，必须前往计算机所在地或者通过传统的邮政系统邮寄计算机磁带[⊖]（computer magnetic tape）。

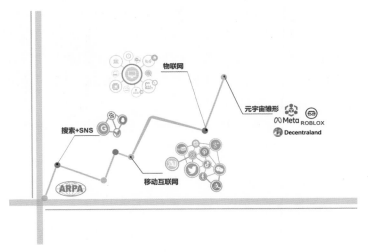

图 1.7　互联网迭代历程

互联网形成的另一个催化剂是冷战的升温。苏联发射了 Sputnik 卫星后，美国国防部开始考虑如何在核攻击后仍然可以顺利传播信息。这促使了高级研究计划局网络（Advanced Research Projects Agency Network，ARPANET）的形成。该网络最终演变成了我们现在所熟知的互联网。ARPANET（也称为"阿帕网"）取得了巨大的成功，但在最初，阿帕网仅有 4 个节点，分布在与美国国防部有合作的四所大学[⊖]内。

⊖　计算机磁带是传统大中型计算机的外存储系统。
⊖　这四所大学分别是加州大学洛杉矶分校（UCLA）、加州大学圣巴巴拉分校（UCSB）、斯坦福研究所的增强研究中心和犹他大学。

1980 年，美国国防部为所有军用计算机网络制定了传输控制协议 / 网际协议（Transmission Control Protocol/Internet Protocol，TCP/IP）。1983 年 1 月 1 日，TCP/IP 成为阿帕网的标准协议，互联网由此诞生。在此之前，各种计算机网络并没有标准的相互通信的方式。TCP/IP 的创立标志着不同网络上不同类型的计算机可以开始相互传递信息。1991 年，蒂姆·伯纳斯·李（Tim Berners Lee）首次提到了 HTML，在 1993 年将已经实现的功能标准化，这标志着万维网的诞生。HTML 的出现，使访问 Web 更加便捷，互联网的普及度也变得更加广泛。

2. 门户检索与社交网络时代

（1）门户检索

随着网络技术的发展，互联网上的海量信息令人眼花缭乱。由此，一些工具应运而生，这类工具就是搜索引擎，它们可以对大量信息进行分类。

搜索引擎实际上只是庞大的数据库，它从网站收集信息，然后将信息转储到数据库中。这些数据库中的信息是使用计算机程序（称为"蜘蛛"或"机器人"）收集的，该程序扫描网络并收集有关单个文档的信息。这些特殊程序会自动查找网站创建者要求它们获得的信息。

浏览器是一种用于查看万维网上文件的应用程序。还有一些基于文本或终端的浏览器，例如 Lynx。这个时代的浏览器通常仅允许用户查看 Web 上的文本。现在的大多数浏览器都是图形浏览器，可以用来查看文本、图形和其他多媒体信息。用户可以通过浏览器在互联网上搜索信息。如今我们所熟知的大部分互联网巨头都是在门户检索时代创立并壮大的，例如谷歌和微软。

（2）社交网络

社交网络的发展给世界带来了巨大的变化，它的出现已经彻底改变了人们社交的方式。如今，无论是个人生活还是工作，人们通过网络可以实现完全的即时沟通。

- 1971年，第一次发送电子邮件是通过两台并排的计算机进行的。这是由雷·汤姆林森（Ray Tomlinson）完成的。后来，在1978年，BBS（公告牌系统）通过电话线与其他用户交流。此外，互联网浏览器的第一批副本也在同一年通过Usenet平台分发。

- 1997年，微软推出了Instant Messenger，它是一个可以即时发送消息的应用程序，用户可以通过它实现基本的聊天。它也被认为是即时通信服务的先驱。

- 2004年，迄今为止最广泛的社交网络之一Facebook诞生了，一年后，这个新的社交网络很快就超越了其他社交网络，迅速成为行业的领军者。目前，Facebook被认为是有史以来最重要的社交网络之一。

- 2006年，Twitter（推特）诞生了，它限制用户只能发送140个字符，这使得微博开始流行。今天，很多世界级事件都会在推特上迅速传播。这也是社交网络历史上的一个里程碑。在中国，微信和微博成了主流的社交网络。

3. 移动互联网时代

移动互联网改变了互联网发展路径，手机取代 PC 正如移动电话取代固定电话一样。在以 iOS 和 Android 为代表的系统诞生之前，互联网的发展一直受制于 PC 的渗透率。移动互联网时代以 2007 年为分水岭，2007 年以前，通信技术相对落后，随着通信技术的进步，网速和带宽问题的解决为 2007 年后的移动时代提供了无限可能。2008 年后，移动宽带的普及率开始加速增长，2011 年智能手机销量超越 PC 销量，达 4.84⊖亿部，移动设备以我们无法预料的方式重塑我们的世界。大多数国家在 2020 年开始采用 5G，这将有助于推动物联网和大数据技术的发展。

（1）1G 时代

1979 年日本电报电话公司（NTT）在东京推出了第一代移动网络，即 1G 网络。1984 年，1G 网络覆盖了整个日本。1983 年，美国批准了第一批 1G 业务，摩托罗拉的 DynaTAC 成为首批在美国广泛使用的"移动"手机之一。几年后，加拿大和英国等其他国家也推出了自己的 1G 网络。

然而，1G 技术存在许多缺点。例如，覆盖范围很差，音质也很差。各个运营商之间没有漫游支持，并且由于不同系统在不同频率范围上运行，所以系统之间没有兼容性。更有甚者，通话没有加密，因此任何拥有无线电扫描仪的人都可以接听电话。

⊖　数据来源：https://www. counterpointresearch. com/recap-of-the-smartph-one-market-in-2011/。

（2）2G 时代

第二代移动网络于 1991 年在芬兰根据 GSM 标准推出。2G 网络时代可以对通话进行加密，数字语音通话也更加清晰。在 2G 时代，人们可以在手机上发送短信（SMS）、图片信息和彩信（MMS）。2G 彻底改变了商业格局并永远改变了世界。

（3）3G 时代

3G 由 NTT DoCoMo 于 2001 年推出，旨在标准化供应商使用的网络协议。这意味着用户可以从世界上任何位置访问数据，因为驱动网络连接的"数据包"是标准化的，所以国际漫游服务成为可能。

因为 3G 的数据传输速度比 2G 快了 4 倍，视频会议、视频流和 IP 语音（如 Skype）等服务开始兴起。2007 年，支持 3G 网络的 iPhone 面世，意味着移动互联网的能力将得到前所未有的延伸。

（4）4G 时代

4G 于 2009 年首次部署在瑞典斯德哥尔摩和挪威奥斯陆，作为长期演进（LTE）4G 标准。它随后在全世界推出，使数百万消费者可以享受高质量的视频流。4G 提供快速的移动网络访问，从而促进了手游、高清视频和远程视频会议等行业的发展。

为了适应 4G 网络，需要设计支持 4G 的移动设备，这有助于设备制造商通过推出支持 4G 网络的手机扩大利润，新手机的研发和生产规模大幅增长，这也是苹果崛起成为世界上第一家价值万亿美元的公司的一个重要原因。随着 4G 网络和移动设备的发展，一大批在智能机上使用的软件也应运而生，例如淘宝、支付宝、Instagram、YouTube、抖音、美团等。这些软件渗透到生活中的方方面面，已经成为人们日常生活中的一部分。

在移动互联网时代，互联网早已全面渗透到政治、经济、社会、文化、军事等各个领域，极大地加速了劳动力、资本等要素和各类信息的流动与共享，对人类的生活方式、工作方式、社会运转方式产生了巨大而深远的影响，使人类的沟通、协作以及探索新领域的效能得到极大的提升。

4. 物联网时代

物联网（Internet of Things，IoT）描述了嵌入传感器、软件和其他技术的物理对象网络，目的是通过互联网与其他设备和系统连接以交换数据。这些设备涉及的范围广泛，从普通的家用物品到复杂的工业系统。

在过去的几年里，物联网已经成为 21 世纪最重要的技术之一。现在我们可以通过嵌入式设备将日常物品（厨房用具、汽车、恒温器、婴儿监视器等）连接到互联网，使人和事物之间的无缝通信成为可能。

通过低成本的计算、云服务、大数据和移动技术，设备和系统可以在最少的人工干预下共享和收集数据。在这个高度互联的世界中，数字系统可以记录、监控和调整互联事物之间的每一次交互。物联网的发展主要得益于以下几种技术：

- 传感器技术：经济实惠且可靠的传感器使更多制造商可以使用物联网技术。
- 云计算服务：云平台可用性的提高使企业和消费者都能够访问扩展所需的基础设施，而无须实际管理所有基础设施，而且互联网的大量网络协议使得将传感器连接到云和其他"事物"以实现高效数据传输变得容易。

- 机器学习：随着机器学习的发展，以及对存储在云中的各种海量数据的访问，企业可以更快、更轻松地收集信息。这些相关技术的出现将继续拓展物联网的边界，物联网产生的数据也为这些技术提供支持。

- 人工智能（AI）：神经网络的进步使自然语言处理（NLP）技术得到极大的提升，并降低了智能设备的开发及生产成本，因而物联网设备（例如数字个人助理 Alexa、Cortana 和 Siri）可以在大众中普及。

1.2.2 元宇宙的雏形

1992 年，一本名叫《雪崩》（*Snow Crash*）的科幻小说出版，其在 1993 年和 1994 年分别获得英国科幻小说奖（British Science Fiction Award）和亚瑟·克拉克奖（Arthur C. Clarke Award）的提名。作者尼尔·斯蒂芬森（Neal Stephenson）在该书中首次提到了"元宇宙"的概念（见图 1.8）。《雪崩》中描述的"元宇宙"世界是一个平行于现实世界的虚拟共享空间。小说中构建的"元宇宙"是由具备强大虚拟科技的现实世界和基于数字科技的虚拟世界融合创建的。

斯蒂芬森构建的元宇宙世界建立在一个虚拟的城市环境中，一条百米宽的公路贯穿了一个周长 65 536 公里的完美球形行星。用户可以通过两种终端进入元宇宙：一种是个人终端，该终端可以将高质量的虚拟现实显示器投射到用户佩戴的眼镜上；另一种是低质量的公共终端。在元宇宙中，用户还可以通过佩戴便携式终端、眼镜和其他体感设备来保持与元宇宙的持续连接。此时的"元宇宙"仅仅是一个存在于文学作品中的概念。

On the back is gibberish explaining how he may be reached: a telephone number. A universal voice phone locator code. A.P.O. box. His address on half a dozen electronic communications nets. And an address in the Metaverse.

图 1.8 《雪崩》中首次提到"元宇宙"

2021 年 3 月 10 日，沙盒游戏平台 Roblox 首次把"元宇宙"写进招股书，并在纽交所成功上市，当日市值就突破了 400 亿美元。该事件经过各大媒体的报道后迅速发酵，引发了各界的关注，形成了"元宇宙"现象。在科技飞速发展的今天，"元宇宙"不再只是一个科幻小说中的虚拟世界，基于诸多技术革新，人们对于"元宇宙"有了更多现实层面的期待。

图 1.9 展示了过去 12 个月内，谷歌和 YouTube 上关于元宇宙的搜索热度情况。谷歌趋势通过计算关键词占所有话题搜索比例的方式来统计关键词热度，占比越高的关键词搜索热度越大。由图 1.9 可知，在 2021 年，元宇宙在 YouTube 上的搜索量达到了两次峰值，分别是 2021 年 4 月 17 日和 2021 年 10 月 31 日。而在谷歌上，元宇宙的搜索量于 2021 年 10 月 24 日也达到了峰值。

图 1.10 是关于"元宇宙"在谷歌和 YouTube 上的地域搜索热度。由图可知，无论在谷歌还是 YouTube 上，中国都是对元宇宙搜索量最高的国家。我国各领域对元宇宙的关注和讨论达到了一个前所未有的热度。

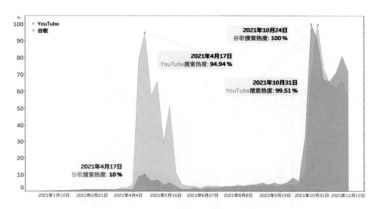

图 1.9 "元宇宙"搜索热度

数据来源：谷歌趋势

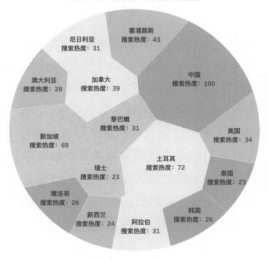

2021 年"元宇宙"谷歌搜索热度

图 1.10 "元宇宙"地域搜索热度 Top-15

数据来源：谷歌趋势

2021年"元宇宙"YouTube搜索热度

图 1.10 （续）

　　元宇宙化程度是元宇宙六大属性加权的结果。图 1.11 展示了代表公司的元宇宙化程度。四个代表公司中，Roblox 公司的元宇宙化程度高于其他三个公司。Sandbox、Decentraland 及 Axie Infinity 都是以区块链技术为核心的游戏公司，它们都有自己的数字货币，并且建立了可以进行数字货币交易的平台，并且它们的用户也是游戏世界中的创作者，因此，这三家公司的去中心化程度都很高。由图可知，社交体验、经济系统及去中心化是较容易达到的部分，而高拟真度、无边界性及永续性是构建元宇宙过程中较难实现的部分。

　　图 1.12 展示了四家元宇宙概念代表公司的日活量，即网站每日活跃的用户数量。四家代表公司中只有 Roblox 的日活量在持续增长，在把元宇宙概念写进招股书后，其日

活量在 2021 年第二季度（Q2）达到了 4 320 万人，而其他三家公司的日活量波动较大。Axie Infinity 的日活量峰值出现在 2021 年第二季度，约 4 万人。Decentraland 及 Sandbox 的日活量峰值均出现在 2020 年。

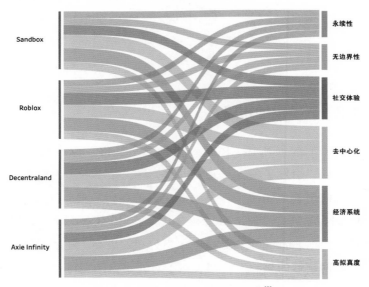

图 1.11　代表公司的元宇宙化程度 [2]

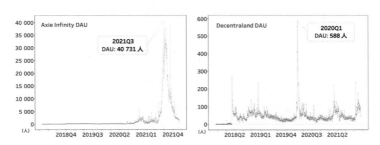

图 1.12　元宇宙概念公司的日活量

数据来源：Blockchain Game Info

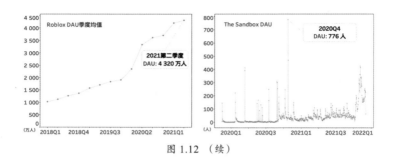

图 1.12 （续）

1.3 元宇宙的布局

正如前面所述，Roblox 借助"元宇宙"概念成功上市之后，引发了各界对元宇宙的关注。元宇宙作为现实世界的映射，也涵盖了涉及人们生活的各行各业。2021 年，Facebook 宣布改名为 Meta，并开发了元宇宙概念平台，展示了要把 Facebook 打造成元宇宙公司的决心。随后，各国互联网领域的核心人物都表达了对元宇宙的期待，而各大互联网巨头也开始依据当前先进的技术集群来布局公司的发展路径。

1.3.1 元宇宙的产业链

从用户所需的生活场景的体验到可以让元宇宙概念落地的技术，构建元宇宙涵盖了几万亿规模市值的产业链，Bearable 的创始人乔·拉多夫（Jon Radoff）总结了构建元宇宙的七层要素并列出了各要素所涵盖的各个行业（见图 1.13）。

图 1.13 构建元宇宙的七层产业链

1. 体验层——映射现实世界的生活场景

元宇宙中的体验并不是打造简单的立体空间中的沉浸感，它可以把人类生活场景的方方面面映射进数字世界。当物理世界数字化之后，体验可以变得更加丰富。元宇宙可以帮助人类拓展边界，在虚拟世界中，可以获得在现实世界中无法拥有的体验。图 1.14 展示了两场虚拟音乐会，图 1.14a 是贾斯汀·比伯（Justin Bieber）在 Wave Presents 上举办的虚拟音乐会，粉丝可以在线上跟比伯的虚拟形象互动；图 1.14b 是法国电子音乐艺术家让·米歇尔·雅尔（Jean Michel Jarre）利用 Unity 引擎在虚拟的"巴黎圣母院"举办的一场虚拟音乐会。元宇宙中的体验可以打破空间和时间的界限。

a)   b)

图 1.14　虚拟音乐会

图片来源：YouTube

　　元宇宙也可以帮助用户成为内容的创造者：内容会从人与人、人与物、人与空间的互动中产生并拓展，每个用户体验及消费内容的同时也可以参与内容的创作。元宇宙中关于体验的"沉浸感"，不仅指数字世界对现实世界的高度复制和映射，更多的是指元宇宙会极大地提升人对各个事物及活动的体验感，且可以激发更多的内容创作。

2. 发现层——内容消费的关键领域

　　发现层能够使元宇宙构造创作者经济生态，未来，人们有极大的可能在这一层产业中获得丰厚的利润，实现Play-to-Earn。互联网时代，人们已经发现利用网络流量生产内容进行营销是一种高效率的变现模式，移动互联网时代滋生的诸多自媒体都是依靠这种形式来赚取利润。而在元宇宙时代，以生产、贩卖及消费内容为主的生态将会更加便捷和普遍。人们可以将自己创造的内容或产品数字化，用自己的创意获取利润。最近兴起的NFT就是一种逐渐成熟的技术。NFT非常符合元宇宙去中心化的特性，可以激发更多的创作者参与进来，把内容置换为数字资产。图1.15

展示了 Opensea 上过去 7 天 NFT 的交易排行榜。Opensea 是目前最大的 NFT 交易市场，用户可以在 Opensea 上使用美元或虚拟货币 Ether 售卖或购买虚拟头像、域名、音乐、虚拟场景等 NFT。可以看出，大部分的 NFT 交易涨幅都非常大，排名第一的 CLONE X 的涨幅达到了 329.71%。

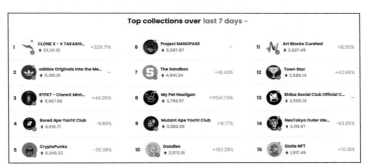

图 1.15　Opensea 上过去 7 天 NFT 交易排行榜

图片来源：Opensea 官网

3. 创作者经济层——共享及共创

创作者经济层包含了实现元宇宙生态及面貌所需要的要素。如今，在各行各业已经初见创作者经济的样貌。各种引擎和平台的搭建，使得不会代码的创作者也可以在数字世界中进行创作。例如，可以在 Wix 上创建自己的个人网站，而不需要掌握 HTML 及 JavaScript 的语法，或者无须掌握任何代码就可以在 Tableau 上实现高级可视化图形。市场上为工程师设计的各种平台和软件，可以帮助工程师更高效率地完成工作。平台提供整套集成工具，使人人都有机会创作出自己的内容并且分享出去。加密货币的发展又保证了创作者可以将内容变现，以激励更多的人参与。

4. 空间计算层——实现无边界的关键技术

空间计算是实现元宇宙世界与现实世界无缝切换的关键技术。空间计算让人类创造并进入虚拟的 3D 空间成为可能。其中主要包含 3D 引擎技术、生物识别技术、地理空间映射技术、用户交互技术及 AI 和大数据技术（见图 1.16）。这些技术共同作用，使得人们可以随时随地进入元宇宙世界。空间计算技术也是实现元宇宙世界的技术难点。

5. 去中心化层——元宇宙时代的生态系统核心

去中心化是元宇宙生态的核心，这样才能使真正的创作者经济发展壮大，不属于某一组织或平台，而是属于每一个参与者，从而实现元宇宙的共创、共享及共治。目前区块链及边缘计算是实现去中心化的关键技术。边缘计算是提高算力的关键，可以高效处理元宇宙世界产生的庞大的数据量。

图 1.16　空间计算软件涵盖的领域

6. 人机交互层——高沉浸感的技术核心

微机设备与人类的躯体结合得更加紧密，可以提升人机交互的体验感。AR/VR/XR 等设备的发展提高了人在元宇宙世界中的体验感。用户不仅能通过 AR/VR 设备沉浸在虚拟世界中，未来还有可能利用脑机接口实现在虚拟世界的永生。

7. 基础设施层——元宇宙世界中的基础设施

基础设施层包括实现元宇宙的基础设施及硬件设备。5G 网络已经显著提高了带宽速度，同时降低了网络延迟。6G 将把带宽速度提高到另一个数量级。AI 芯片可以大幅提高算力，提升机器学习算法的训练速度，处理更加庞大的数据。

1.3.2 头部互联网公司的元宇宙布局

图 1.17 用雷达图展示了目前五个头部科技巨头公司对元宇宙的布局情况。布局分成数字金融、穿戴设备（包括 AR/VR 及传感器等）、Adtech（主要做内容及营销）、去中心化平台、软件技术（包括云计算、空间计算及 AI 等技术）和芯片六个方向。由图可知，目前 Facebook 的元宇宙布局相较于其他四家公司更为均衡，且是唯一一家涉足数字金融领域的科技公司。Apple 及 NVIDIA 在芯片领域较其他公司有较大的发展，除此之外，Apple 还大力研发穿戴设备和软件技术，但是 Apple 在去中心化方面是五个公司中最落后的。微软在去中心化方面则相当出色。Alphabet⊖在去

⊖ Alphabet 是谷歌重组后使用的公司名称，采取控股公司结构，把旗下搜索、YouTube、其他网络子公司与研发投资部门分离开来。

中心化及 Adtech 上有较好的表现。

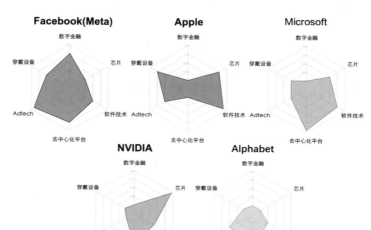

图 1.17　元宇宙布局雷达图

1. Facebook

Facebook Connect 2021 的主题演讲涵盖了 Facebook 如何看待元宇宙在其生态系统中的演变。Facebook 专注于虚拟和增强现实中的体验层，收购了 Supernatural VR 的创造者 Within，这是一个可以在虚拟现实中沉浸式健身的平台。

Facebook 本质上是一家广告公司，其主要利润来源于广告收入。这使得它与苹果的硬件业务或微软的软件服务业务非常不同。广告必须整合到产品中以获得收入，从而支持 Facebook 估计每年在元宇宙布局上投资的 100 亿美元。

地平线世界是 Facebook 的开发者平台，用于创建虚拟现实内容。它包括用于内容创建的无代码或低代码工具。

Facebook 还宣布希望使用 NFT 为用户的头像创建配件。

在硬件方面，包括 Oculus 虚拟现实平台和 Ray-Ban Stories 智能眼镜。虽然后者没有增强现实功能，但它确实有摄像头、语音识别命令和高质量的音频功能。它还斥资超过 50 亿美元收购了神经接口公司 CTRL-Labs。

除了硬件产品，Facebook 还在软件方面进行了投资，以创建多层用户界面、数字全息图、用于手势识别的人工智能等。此外，Facebook 还围绕数字钱包（Novi）和自己的数字货币实验（Diem，原名 Libra）制订了计划。

在基础设施领域，Facebook 正在努力追赶微软和 Apple 的脚步，这两个公司都拥有多年的先进硬件制造的经验。而 Facebook 收购的 Oculus 主要由来自其他供应商的组件和半导体组成，自主的研发水平较差，因此，Facebook 打算在材料科学和半导体工程方面进行大量的投资。

2. Apple

Apple 公司从 2014 年就开始进行一系列专注于计算机视觉领域的收购。在 AR 领域收购了 FlyBy Media 和 Metaio，此外，还收购了 Emotient、RealFace 和 Faceshift，用于面部识别和机器视觉。从所有指标来看，这些收购都证明 AR/VR 和计算机视觉是 Apple 优先考虑的领域。

在创建元宇宙方面，Apple 具有巨大的优势，它拥有支持创作者经济的强大软件 Xcode，该软件可以构建任何类型的 MacOS 和 iOS 应用程序，以及众多开发者框架。此外，Apple 还拥有 3D 图形 API：Metal 以及可以绘制地图的 Apple Maps，它们是增强现实应用程序的关键技术。另外还有最重要的 ARKit，它可以增强现实应用程序的开发框架。这些可以帮助 Apple 创造一个重要的开发者生态系统。

然而，Apple 似乎对去中心化相当"敌视"。它的业务是围绕垂直整合而建立的，而不是与他人共享自己的技术栈。Apple 正朝着更加集中化的方向发展。Apple 的良好生态只存在于自己的产品之间，与互联网和其他供应商之间的交互性、兼容性极差。

此外，Apple 制造电脑、移动设备（iPhone 和 iPad）及 Apple Watch 等可穿戴设备。很少有互联网公司能够像 Apple 那样制造硬件。2021 年，凭借 M1 芯片，Apple 产品的性能远超市场上的其他电子产品。M1 可以以提高性能和功耗的方式统一内存、GPU、CPU 和人工智能处理，而这些都将是实现元宇宙虚实结合的关键。在互联网巨头中，Apple 在硬件设备和半导体工程方面要先进很多。

3. 微软

微软（Microsoft）是去中心化程度最高的一个：PC 软件开发仍然是真正的开放和无须许可的软件生态系统。微软通过 Windows 操作系统从中获得可观的利润，同时使软件开发人员能够获取大部分价值。微软的 CEO 萨提亚·纳德拉（Satya Nadella）也在 Microsoft Ignite 上展示了他对元宇宙的愿景。

微软尽了最大的努力来推进和开发体验层的应用程序：通过微软飞行模拟器等本公司产品，以及通过收购一系列顶级游戏工作室，制作了诸如 Halo、Fallout 和 Elder Scrolls 等热门游戏。此外，Minecraft 正在培训孩子们如何在相对开放的元空间中创建内容，其创造力展示了元宇宙的创作者经济可能的面貌。社交软件 Microsoft Teams 可能会在未来引领更加身临其境和更加具体的员工协作，并且微软还拥有广告网络和第二大网页搜索引擎。

微软拥有 Visual Studio 和无数其他开发工具。微软还一直在投资人工智能技术，尤其是自然语言处理技术，这对于开发无代码或低代码创意工具和虚拟生命来说非常重要。DirectX 是几乎所有 PC 软件都依赖的 3D 图形 API，微软正在投资操作系统技术，使虚拟现实能够与我们的物理环境无缝衔接。微软正在投资的人工智能和深度学习技术适用于图像识别，这对虚拟现实至关重要。

微软的 PC 软件开发本质上是无须许可的。微软还投资自主身份等技术，这些技术可以提供一种开放和分散的方式来验证与拥有个人的虚拟身份。

由于与美国军方达成了 210 亿美元的交易，微软正在大力研发虚拟现实的产品 Hololens 。尽管 Hololens 的目标客户是政府、军队和企业，但这可能会给微软一个先机，使其能够在将其以更大的生产规模及更低的价格提供给消费者之前对技术进行完善。

在芯片方面，微软与 Apple 的水平相差很大。它目前正在招聘工程师来帮助完成显示工程和 AI 芯片领域的工作。另外，微软的 Azure 云基础设施业务是巨大的，是应用程序、游戏和元宇宙体验的推动者。

4. NVIDIA 和 Alphabet

NVIDIA 的半导体技术几乎在所有对元宇宙增长至关重要

的领域都处于领先地位，例如，图形处理单元（GPU）、人工智能和数据中心运营。它还拥有 Omniverse 平台，该平台专注于沉浸式空间内各种艺术家、工程师和设计师之间的劳动力协作。

Alphabet 的服务是互联网上最重要的，包含 Google 搜索引擎、YouTube 和 Google Play 商店。它对待硬件的方法是将其操作系统授权给全世界。Alphabet 还拥有不断增长的云服务业务。

1.4 元宇宙的架构

图 1.18 中给出了元宇宙的基础架构。

一个完整的元宇宙世界需要强大的技术支持，这样才可以保证元宇宙世界不仅仅是一个存在于小说和电影中的概念。单一领域的技术无法构建出完整的元宇宙形态，诸多先进技术相互结合才是构建元宇宙的基石。本书将着重介绍可以让元宇宙概念落地的技术集群。

人工智能技术在元宇宙的各个层面、各种应用、各个场景下无处不在，包括区块链里的智能合约，交互中的 AI 识别，游戏里的代码人物、物品乃至情节的自动生成，物联网的数据 AI 等，还包括元宇宙里虚拟人物的语音、语义识别与沟通，社交关系的 AI 推荐，各种虚拟场景的 AI 建设，各种分析、预测、推理等。元宇宙庞大的数据量对算力的需求是极高的。NVIDIA、台积电等半导体厂商在不断研发新的硬件以提升算力，AI 芯片的发展也如火如荼。

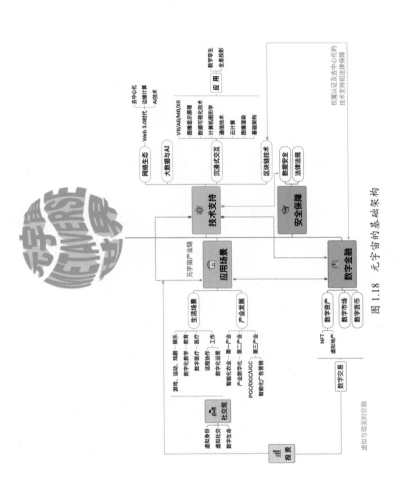

图 1.18 元宇宙的基础架构

交互技术包括 VR/AR/MR/XR 等虚拟显示技术及体感设备等传感器技术，这是提升元宇宙体验感的关键。数字孪生相关的 3D 引擎和仿真技术是虚拟世界中解放大众生产力的关键性技术，如果可以把 3D 建模拉低到大众都能做的程度，就很可能实现元宇宙创作者经济的大繁荣。而仿真技术是实现物理世界虚拟化、数字化的关键性工具，同样需要把门槛大幅拉低到普通民众都能操作的程度，这样才能极大加速真实世界数字化的进程。数字孪生技术是决定元宇宙是否可以给用户带来高度沉浸感的关键技术。

区块链点对点的网络架构为数字金融创造了良好的生态环境。元宇宙一定是去中心化的，用户的数字资产必须能自由地在虚拟世界中流转，这是数字金融体系能否建立的决定性因素。区块链技术和智能合约提供了数字资产的权属认证及在去中心化架构下进行可信交易的保障，数字资产的生成和交易方式可以助力元宇宙中创作者经济生态的形成。我们也将介绍在元宇宙中虚拟经济系统及数字金融的运行模式。

元宇宙最终会形成一个新型的有别于现实社会结构的数字社会，随之而来的是虚拟世界中安全及制度层面上的诸多问题，这也是关系到元宇宙社会是否能够和谐且文明运行的关键问题。除技术层面外，本书还将从信息安全及制度保障两方面来阐述元宇宙中可能遇到的问题及规则层面上的解决办法。

参考文献

[1] Meta. The Metaverse and How We'll Build It Together [EB/OL]. [2021-10-29]. https://youtu.be/Uvufun6xer8.

[2] 孔蓉 . Roblox 深度报告：Metaverse 第一股，元宇宙引领者 [EB/OL]. [2021-12-22].https://data.eastmoney.com/report/zw_industry.jshtml?encodeUrl=3H8T+XzQTWbbQZTTfyIJZR0ya hAHIz3FW5TAUrTFJUs=.

[3] RADOFF J. The Metaverse Value-Chain [EB/OL]. [2021-04-07]. https://medium.com/building-the-metaverse.

METAVERSE

02
第 2 章

元宇宙与 Web 3.0、大数据、AI

即将到来的 Web 3.0 浪潮将极大地突破 Web 2.0 的技术局限。从现有互联网（Web 2.0）到 Web 3.0 的过渡将是一个长达数十年的过程，它将从根本上改变我们与互联网交互的方式。今天所做的决定和工作将串联并影响后代。就像 DeFi 引领的金融革命一样，Web 3.0 革命是不可避免的，并且会逐渐推进。

通过现在可能实现的丰富交互和全球范围内可用的交易模式，Web 3.0 将使用高效的机器学习算法以加密方式连接来自个人、公司和机器的数据，助力元宇宙世界的发展，而元宇宙也将拥有人类历史上最大的持续计算需求。图 2.1 中展示了构建元宇宙的基础技术。本章将从元宇宙所需要的网络生态入手，描述人工智能技术和大数据技术在元宇宙世界中的应用。

图 2.1　构建元宇宙的基础技术

2.1　元宇宙核心的网络生态

元宇宙的终极形态势必是去中心化的，而现在的网络生态并不能完全满足元宇宙去中心化的需求。一些人认为，即将到来的 Web 3.0 时代和元宇宙需要的网络生态高度重合。Web 3.0 或许能够成为人类迈向元宇宙道路上重要的一步。

2.1.1　Web 的三次技术迭代

Web 3.0 通过新技术体现出来，例如加密货币、虚拟和增强现实、人工智能等。在新技术的推动下，Web 3.0 是关于创建一个为人民服务、为人民所有的互联网的。

以太坊带来的商业创新浪潮远远超出了已经在以太坊上产生重大影响的无数行业。如果成功，这些项目将为保护用户隐私的新市场和商业模式铺平道路，并允许企业开发更尖端的应用程序，从而推动 Web 3.0 的发展。推动生态系统向前发展的是以太坊的颠覆性潜力。由此产生的 Web 3.0 以太坊系统将在许多去中心化部门之间产生更丰富、更可信的交互模式。

万维网创始人蒂姆·伯纳斯·李（Tim Berners Lee）对 Web 1.0 到 Web 3.0 给出了一个有趣的解释：Web 1.0 是 Web 的"可读"阶段。我们看到用户之间的互动有限；Web 2.0 是 Web 的"可交互"阶段，用户可以在这个阶段与站点进行交互以及彼此之间进行交互；Web 3.0 是网络的"可执行"阶段，在这里，计算机可以像人类一样解释信息，然后为用户生成个性化的内容（见图 2.2）。

图 2.2 从 Web 1.0 时代到 Web 3.0 时代

1. Web 1.0 时代

为了理解 Web 3.0 的含义，我们需要回到 Web 1.0 时代。Web 1.0 从 20 世纪 80 年代后期一直持续到 2005 年，也就是最初的万维网。它建立在开源（如 Linux）、免许可开发

（如 PC 软件）和开放标准（HTML/HTTP）之上。现有的一些大型互联网公司（例如亚马逊及谷歌）就是在这个生态系统上建立起来的，或者扩展到这个生态系统中，从而获利（例如微软及 Apple）。

在这个阶段，网页是静态的，内容是由服务器的文件系统提供的。此外，这些页面上没有交互性。用户无法对带有评论或喜欢的帖子做出任何"回应"。在 Web 1.0 时代，用户只是被动地消费信息（见图 2.3）。

图 2.3　Web 1.0 时代

2. Web 2.0 时代

Web 1.0 的下一个技术迭代就是 Web 2.0，即我们今天所熟知的网络。大多数 Web 2.0 是建立在 Web 1.0 技术上的，Web 2.0 生态下的互联网公司建立在与启用 Web 1.0 生态相同的开放环境上，但创建了"围墙花园"（Walled Garden⊖）生态系统以实现社交联系和内容创建（见图 2.4）。

⊖　Walled Garden 一词一般译作"带围墙的花园"或"围墙花园"，是与"完全开放"的互联网（Garden）相对而言的，指的是一个控制用户对网页内容或相关服务进行访问的环境。一般围墙花园把用户限制在一个特定的范围内，允许用户访问指定的内容，同时防止用户访问其他未被允许的内容。详见维基百科，网址为 https://en.wikipedia.org/wiki/Walled_garden。

最典型的例子是 Facebook 以及 YouTube，它们为社交网络和用户生成的内容创建了"围墙花园"。

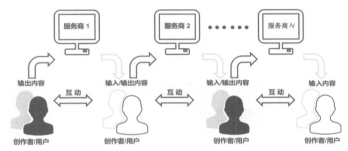

图 2.4　Web 2.0 时代

此时的网络中不再是静态内容，而是动态的内容，用户现在可以与发布在网络上的内容进行交互。JavaScript、HTML 和 CSS 等技术的发明使用户交互成为可能，这些技术使得开发人员可以构建出用户与内容进行实时交互的应用程序。Web 2.0 的兴起主要是由三个核心创新层推动的：移动、社交和云服务。

iPhone 等智能手机的推出及移动互联网的接入极大地扩大了用户群和网络的使用：我们从每天在家中通过台式机拨号上网转变为可以随时随地连接互联网的状态。网络浏览器和各种移动应用程序就这样被装在了每个人的口袋里。

无论是社交媒体、博客还是播客，在 Web 2.0 中都完全基于交互。这些社交网络培养用户的使用习惯，用户通过评论来参与互动，并可以轻松地与其他人分享文本、图像和音乐等内容。一些在 Web 2.0 中蓬勃发展的著名应用程序有微博、Instagram、YouTube、Facebook、微信等。因此，这个时代的网络也被称为"社交网络"。

3. Web 3.0 时代

虽然 Web 2.0 浪潮仍在继续，但我们也看到了互联网应用程序的下一次革命性的转变，即 Web 3.0（见图 2.5）。Web 3.0 是一种更为根本的颠覆，它将带领我们向开放、可信和无须许可的网络迈进一大步。

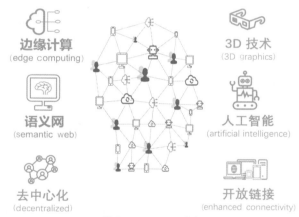

图 2.5　Web 3.0 时代

Web 3.0 网络允许参与者在没有受信任第三方的情况下公开或私下进行交互。任何人，包括用户和供应商，都可以在未经管理机构授权的情况下参与。

Web 3.0 是一个语义网。这意味着我们不仅可以根据关键字来搜索内容，还可以使用 AI 来理解网络内容的语义（即其内在含义）。这将允许机器像人类一样理解和解释信息。语义网的主要目的是使用户能够更轻松地查找、共享和组合信息。

然而如今，Web 3.0 一词已经不仅仅意味着语义网络。更确切地说，区块链爱好者使用术语 Web 3.0 来描述在一个开放和去中心化的架构上构建应用程序的想法。

Web 3.0 的首要目标是使互联网更加智能、自主和开放。Web 2.0 是由移动、社交和云的出现推动的，而 Web 3.0 主要建立在新的技术层面上：边缘计算、去中心化的网络结构及人工智能。

（1）边缘计算

虽然在 Web 2.0 中，最近商品化的个人计算机硬件在数据中心被重新利用，但向 Web 3.0 的转变正在将数据中心扩展到边缘。与当前的互联网数据量相比，元宇宙中产生和消耗的数据量将是现在的数百倍。而边缘计算会极大地提升数据的处理速度。

（2）去中心化的网络结构

分散的数据网络使个人数据（例如个人的健康数据、农民的作物数据或汽车的位置和性能数据）出售或交换成为可能，与此同时，不会失去对数据的所有权控制、放弃数据隐私或依赖第三方平台来管理数据。借助区块链技术，我们可以在去中心化协议上构建应用程序，这样我们就不会被困在互联网的"围墙花园"模式中。

（3）人工智能（AI）

人工智能和机器学习算法已经非常强大，可以创建有效的预测和学习算法模型。借助人工智能，我们可以更好地理解和解读网络上的内容。当处于新的去中心化数据结构之上时，我们可以访问当今科技巨头羡慕的大量互联网数据，其潜在应用远远超出了现在。它可以带领我们进入精密材料、药物研发和气候建模等领域。

Web 3.0 还将使用 3D 图形和虚拟现实技术，如 VR 和 AR，让我们的网络体验更加身临其境。元宇宙中，人们可以在线与内容进行互动。元宇宙中的网站交互不再是简单地在手机上与二维应用程序进行交互，或浏览网页时简单地翻页，而是转换为与三维对象的互动。Web 3.0 等同于一种空间网络，它将物理层、数字信息层和空间交互层结合在一起，用户可以通过新的、非文本的方式使用互联网。

2.1.2　Web 3.0 和元宇宙

为了让元宇宙成为现实，而不是被资本炒作的概念，它需要开源的、可交互操作的、由大众而非少数人控制的互联网生态环境（见图 2.6）。

互联网第二次迭代（Web 2.0）的缺陷，加上公有区块链技术的诞生，帮助我们朝着更加去中心化的 Web 3.0 迈进，元宇宙和更广泛的去中心化网络都是关于现实世界和虚拟世界的融合。因此，拥有可交互操作的开源公链是确保虚拟世界和现实世界能够以无缝方式相互链接的关键技术。

Web 3.0 生态本质上是吸收区块链技术的引擎。每个新的区块链概念都会立即被识别并集成到 Web 3.0 中，这将为元宇宙产品提供动力。尽管传统公链仍然是 Web 3.0 生态的核心，但在去中心化金融（DeFi）和非同质代币（NFT）等技术创新的背景下，区块链技术使这两个术语有了更多的交集。

图 2.6　Web 3.0 与元宇宙

Web 3.0 意味着互联网访问将是无处不在的——跨地区、跨网络和跨设备。目前，我们主要使用 PC 和智能手机进行网络连接。未来，通过在可穿戴设备、智能设备、AR/VR 设备、物联网接口及智能汽车等领域提供 Web 3.0 的方式，互联网的使用范围将爆炸式扩张。

Web 3.0 生态在元宇宙世界中主要体现在以下三个方面：

（1）去中心化

Web 3.0 将基于去中心化的网络架构，这个特性有些难以实现。现在的互联网被少数技术巨头和企业以压倒性的力量控制着，它们充当数据和算法的守门人。而新的互联网基于完全开源的架构，不受单个或一组组织的控制，并将通过区块链架构完全去中心化。任何人都可以不受任何限制地使用、修改和扩展互联网数据。这是 Web 3.0 直到最近才变得可行的主要原因之一，用户、创作者和每个在线实体都将存在于一个通过专门设计的协议去中心化的互联网生态中。

（2）AI 及 3D 技术

AI 及 3D 技术可以帮助用户在虚拟空间中表达自己。可交互操作的框架可以将用户的化身带入元宇宙中。包含游戏、音乐、戏剧和元宇宙中的许多其他应用程序的新型在线体验将成为重新组合这些自我表达形式的方式。为了在最广泛的应用程序中实现这一点，我们需要一个可交互操作的虚拟身份并搭建高度拟真的空间环境。AI 和 3D 技术是实现这些的核心技术。

（3）创作者经济

Web 3.0 为下一代 Play-to-Earn（P2E）提供了创意框架。近年来，很多人通过电子竞技、直播或其他形式的游戏来赚钱。有数以百万计的玩家渴望将他们的爱好变成谋生手段。

Web 3.0 的目标是在创作者经济中取得更好的平衡。目前，关于在线创作者如何获得报酬的制衡机制很少。同时，用户激励的概念也不明确。例如，用户可能会因为愿意分享他们的数据以保持透明而获得代币或加密货币的奖励。这种明确的激励措施将成为 Web 3.0 体验的重要组成部分。

2.2　大数据技术

如果未来的数字社会属于元宇宙，那么我们需要什么来支撑如此庞大的数字世界？元宇宙是指与物理世界分离的平行数字世界，由人创造并以数字形式对其进行操作。每个进入元界的人都会形成一个数据文件，随着社会活动的产生，数据会不断增长，从而形成一个大数据网络。可以肯定的是，元宇宙一旦开发应用，将产生海量数据，给现实世界带来巨大的数据处理压力。因此，大数据处理技术是顺利实现元宇宙的关键技术之一。

2.2.1　元宇宙中的大数据

大数据是组织收集的结构化数据（例如交易和财务数据）、半结构化数据（例如 Web 服务器日志和来自传感器的流数据）和非结构化数据（例如文本、文档和多媒体数据）的组合，可以利用大数据挖掘信息并用于机器学习项目及构建预测建模（见图 2.7）。

大数据是信息技术和计算机技术持续发展的产物。它为人们提供了一种可量化的认知世界的方式，称得上是一次重大的科技进步。2009 年，谷歌公司的工程师根据用户的搜索数据成功预测了甲型 H1N1 流感在全球范围的流行，该预测结果甚至早于美国公共卫生官员的判断。谷歌公司对流行病的预测并不需要大规模实地检测，而是利用每天数十亿次用户的网络搜索数据得出了上述预测结果。这便是谷歌公司基于大数据的分析技术为社会生活提供支持的一个典型应用案例。

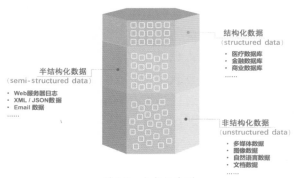

图 2.7　大数据类型

　　根据实际操作流程和技术的演进，大数据分析可大致分为四部分。首先是对数据的预处理，包括收集、存储、清洗和整合。之后，可以使用统计学方法得到一些数据特征的描述。为了发掘数据隐含的更深层次的价值，可进一步采用数据挖掘技术（初级的机器学习技术），以及人工智能技术（高级的机器学习技术）。可以预见的是，在元宇宙世界中，会有更多高质量的数据用于机器学习，并促进大数据技术继续发展和革新。

　　在现实世界中，人的时间、劳动力和成本的问题很容易被元宇宙中的人工智能所取代。例如在现实世界中，人们必须经过很多流程才可以播放新闻，例如招聘播音员，在工作室拍摄，以及剪辑视频，最后在电视上播放。然而在元宇宙中，利用人工智能播音员，可以快速、持续、长时间地传递紧急和重要的新闻。为了在元宇宙中播放新闻，真实播音员的面部表情、肌肉运动、声音、细微差别和手势都是可以被用来学习的有效数据。存储在区块链块中的元数据就可以选择性地提供必要的高质量数据。

元宇宙中的创意活动往往是用人工智能而非真人来开发的。人工智能艺术家在创作作品时，会了解作品的趋势和风格，然后使用所学来进行创作。过去，大量的数据被用于风格分析。现在，人工智能艺术家将数据存储在分布式账本中，以便可以轻松选择和重复使用。获取更多数据并反复练习，可以减少选择错误数据的概率。

2.2.2 元宇宙中的数据存储

元宇宙是一个需要大量数据和服务器容量的虚拟 3D 环境。但是通过中央服务器进行控制会产生昂贵的成本，目前最适合元界的数据存储工具无疑是分布式存储。与传统应用平台的集中管理相比，元宇宙网络部署在区块链上，采用分布式存储处理数据。所有数据由各个节点维护和管理，可以降低集中存储带来的数据丢失、篡改或数据泄露的风险，且可以满足元宇宙对海量数据存储的高要求。

例如，基于分布式存储的 GDFS（GoodData File System）将区块链技术与 IPFS[⊖]相结合（见图 2.8），通过多次数据备份，就近分配存储资源，保证数据存储的可靠性、可用性和永续性。GDFS 作为一个社区驱动的去中心化系统，建立了完善的激励机制，对存储提供者进行奖励，对造假者进行惩戒，有效地协调了存储用户、存储资源提供者、元数据管理者和协调者之间的关系。

⊖ IPFS（InterPlanetary File System，星际文件系统）是一个点对点分布式文件系统，其目标是取代传统的互联网协议 HTTP。

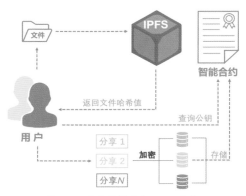

图 2.8　区块链技术与 IPFS 结合

　　此外，在元宇宙中，数据也将作为个人资产返回给数据生产者。在数据隐私保护中，这一步往往需要隐私计算技术的支持。目前，常见的隐私计算技术包括安全多方计算、联邦学习、差分隐私等。一些隐私计算项目已经实现，例如 GoodData 区块链。GoodData 是一个关于数据安全、数据共享、数据资本化的区块链平台。

　　目前 GoodData 的主要功能是鼓励用户在平台上分享元宇宙中的数据（如睡眠数据），以协助医疗等研究机构通过数据研究失眠等健康问题。用户可以共享个人的睡眠数据，而作为数据所有者，用户可以持续获得代币收益。

　　在当今技术饱和的世界中，有数百万台设备通过互联网收集和共享信息。大多数信息在大型数据存储中心进行处理。大多数公司的云服务器位于遥远的地方，导致效率极低。为了处理更大体量的数据，边缘计算应运而生。该技术可以解决企业在传统云计算平台上存在的问题。

2.2.3 边缘计算

边缘计算[⊖]（edge computing）是一种计算策略，它使计算能力和存储更靠近数据源，而不是将数据传输到遥远的中央服务器（见图 2.9）。如今，许多企业将数据作为其运营的命脉，同时也面临着数据量不断增加的挑战。传统的基于云的平台是计算数据的标准途径。

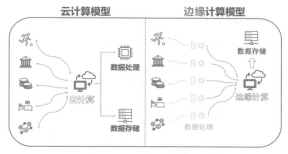

图 2.9　云计算和边缘计算

边缘计算是一种分散式运算的架构，将应用模式、数据资料与服务的运算由网络中心节点移到网络逻辑上的边缘节点来处理。边缘计算将原本完全由中心节点处理的大型服务加以分解，切割成更小及更容易管理的部分，分散到边缘节点去处理。边缘节点更接近于用户的终端装置，可以加快资料的处理与传送速度，减少延迟。在这种架构下，资料的分析与知识的产生更接近于数据资料的来源，因此更适合处理大数据。

　　⊖　详见维基百科，网址为 https://en.wikipedia.org/wiki/Edge_computing。

顾名思义，边缘计算在边缘上工作。一切都发生在大部分数据传输发生的网络边缘，而不是将原始数据传输到数据中心进行处理和分析。边缘计算将存储和计算资源转移到产生大量数据的地方。不同类型的设备可以在边缘附近执行数据分析。在这个"边缘"，数据被排序、分析和修改。这种技术将有助于提高业务效率并减少不必要的成本，它还可以减少网络延迟。

在处理大量数据方面，边缘计算被视为云计算的一种更有效的替代方案。传统的云计算能够非常有效地处理单个数据单元，但是它无法容纳跨数据中心的大量数据，并且中央服务器产生有意义且实时结果的能力很差。未来，更多的人工智能设备将使用边缘计算而不是云计算。

人工智能和云计算都是 IT 界的热词，两种技术相得益彰。人工智能传统上存在于由云计算提供支持的数据中心内，但随着时间的推移，该技术慢慢进入物联网领域和互联智能设备世界。需求的增长使公司每天必须处理的数据增加了一倍或三倍以上。科技公司意识到需要升级计算能力并使数据中心更接近最终用户，以减少延迟和其他网络效率低下的情况。这一认识促使业界开始将人工智能和边缘计算结合到设备中，以期减少延迟，同时最大限度地减少带宽消耗和运营成本。

以在 Google Assistant 上运行的智能扬声器为例。该设备通常配备了边缘计算和人工智能功能的组合，这使独立的处理和分析呈现出几乎即时的结果。它还使设备能够运行离线命令。

2.3 元宇宙与人工智能

尽管人工智能一词的使用颇为普遍，但是不同的人对它的定义有着不同的理解。一个相对标准的定义是，人工智能是关于智能主体的研究与设计的学问，其中"智能主体"是指一个可以观察周遭环境并做出行动以实现某个目标的系统。

人工智能技术使机器能够从经验中学习并执行各种任务。人工智能于 1956 年首次提出。近年来，它在各种应用场景中都体现了卓越的性能，包括自然语言处理（Natural Language Processing，NLP）、计算机视觉（Computer Vision，CV）和推荐系统（Recommender System，RS）。

通俗地讲，我们可以简单地认为人工智能就是机器学习，即让机器学习数据，并利用所习得的知识解决某个具体问题。经过近二十年的迅猛发展，机器学习技术已经在很多领域展现出远超专家系统[⊖]和统计模型的效果。

得益于超强算力的支持，机器学习技术所采用的模型也变得更加复杂，从回归分析到深度学习（例如卷积神经网络（CNN）和递归神经网络（RNN）），从监督或无监督学习到强化学习。典型的监督学习（supervised learning）算法包括线性回归、随机森林和决策树；无监督学习（unsupervised learning）算法主要有 K-means、主成分分析（PCA）和奇异值分解（SVD）；而流行的强化学习（reinforcement

---

⊖ 专家系统是一个智能计算机程序系统，其内部含有大量的某个领域专家水平的知识与经验，能够利用人类专家的知识和解决问题的方法来处理该领域的问题。

learning）算法包括 Q-learning、Sarsa 和策略梯度等。

这些算法在计算机视觉、语音识别、机器翻译、机器写作等领域表现出了惊人的性能，并且很多应用已经得到市场的认可。最初的 Generative Pre-trained Transformer（GPT）处理 1.1 亿个参数，最新的 Google Brain 转换器将处理超过 1 万亿个参数。在相对较短的时间内，这些神经网络的规模有了惊人的增长。

在创建这些先进的神经网络之前，人工智能已经取得了令人印象深刻的进步：Alexa 中的语音识别、机器视觉（例如用于特斯拉的自动驾驶系统或谷歌图像识别）或可以打败人类的算法（AlphaGo[⊖]），都在社交媒体上引起了轰动。但与 AI 的未来相比，所有这些已经实现的应用都显得非常基础。

毫无疑问，新兴的元宇宙的主要特征之一就是将会产生海量的且更为复杂的数据，这为人工智能的进一步发展提供了机会，人工智能被用来在增强现实和虚拟现实中创造更智能、让人身临其境的世界只是时间问题。人工智能可以以极快的速度读取并解析大量数据。用户可以使用 AI 进行决策（就像大多数企业应用程序一样），也可以将 AI 与自动化相结合。元宇宙将结合虚拟现实（AR 或 VR）技术与人工智能技术，创建出可扩展且更接近现实世界的虚拟世界。

⊖ AlphaGo（阿尔法围棋）是第一个击败人类职业围棋选手、战胜围棋世界冠军的人工智能机器人，由谷歌旗下 DeepMind 公司戴密斯·哈萨比斯领衔的团队开发。

2.3.1 AI 芯片

未来，芯片的计算能力需要支持元宇宙中呈指数级增长的需求。提升芯片的性能变得越来越难，而人工智能有助于解决这个问题。现代人工智能技术的成功依赖于几年前难以想象的规模计算。训练领先的 AI 算法可能需要一个月的计算时间并耗资巨大。这种强大的计算能力是由计算机芯片提供的，这些计算机芯片包含了最大数量的晶体管[⊖]，而且为了有效执行一些特定的计算需求，还需要量身定制。从 20 世纪 60 年代到 21 世纪 10 年代，缩小晶体管的工程创新大约每两年使单个计算机芯片上的晶体管数量增加一倍，这种现象被称为摩尔定律。在此期间，计算机芯片的运行速度和效率提高了数百万倍。

当今最先进的芯片中使用的晶体管只有几个原子宽。但是制造更小的晶体管变得越来越难，甚至无法解决，从而导致半导体行业的资本支出和人才成本以不可持续的速度增长。因此，晶体管密度翻倍所需的时间越来越长。

对人工智能等专业应用的需求不断增长以及摩尔定律驱动的 CPU 改进速度的放缓，使中央处理器等通用芯片的发展受到了影响。因此，专用 AI 芯片正在发展，并且与传统 CPU 抢占市场份额。图 2.10 展示了 AI 芯片的市场收入价值，2017 年全球 AI 芯片市场收入约为 42.5 亿美元。预计到 2027 年，AI 芯片的市场收入将达到 832.5 亿美元，相较于 2017 年增长了近 20 倍。

⊖ 晶体管（transistor）是一种固体半导体器件，具有检波、整流、放大、开关、稳压、信号调制等多种功能。

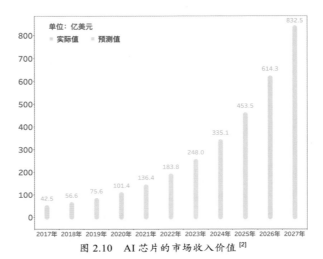

图 2.10　AI 芯片的市场收入价值 [2]

数据来源：STATISTA

　　虽然在 AI 处理方面 GPU 通常优于 CPU，但它们并不完美。GPU 确实具有一些便于处理 AI 模型的特性。GPU 处理二维或三维的图形时需要同时并行处理多个函数串，而 AI 神经网络也需要并行处理，GPU 可以很好地完成这部分工作。然而，AI 的神经网络节点很像动物大脑中的神经元，神经网络需要卷积，而这正是 GPU 的缺陷。所以，实际上 GPU 只是针对图形进行了优化，而不是针对神经网络。

　　另一个需要考虑的重要因素是目前人工智能发展的速度。世界各地的研究人员和计算机科学家正在以指数级的速度不断提升 AI 和机器学习的标准，而 CPU 和 GPU 作为硬件，根本无法跟上 AI 的发展速度。密集集成电路（IC）中的晶体管数量大约每两年翻一番，但即使在最佳状态下也无法跟上人工智能发展的步伐。

因此，人工智能行业需要专门的处理器来高效处理 AI 算法及建模。芯片设计人员现在正在努力创建为执行这些算法而优化的处理器（processing unit）。这些处理器有很多名称，例如 NPU、TPU、DPU、SPU 等，但一个笼统的术语就是 AI 处理单元（即 AI PU）。

创建 AI PU 是为了执行机器学习算法，通常是通过对人工神经网络等预测模型进行操作。使用"AI 芯片"来替代传统的计算机芯片，在特定于人工智能的计算中获得了更高的效率和速度。我们在现实世界中已经看到了一些应用程序，例如实时面部识别，用于 IP 摄像头、门摄像头等的安全系统，用于与客户互动的各种聊天机器人，利用自然语言处理技术的语音助手等。

AI 的发展速度最终将依赖于 AI PU。AI PU 与 GPU 相比，可以将机器学习任务的计算速度提高近一万倍，并且与 GPU 和 CPU 相比，可以降低机器学习任务的功耗，提高资源利用率。

目前，对于 AI 芯片市场，根据不同的技术类型及应用场景可以细分出多种芯片。根据架构类型可以分为 SoC、SIP 及 MCM。SoC 芯片用于确定系统功能；SIP 可以将多种功能芯片进行封装，从而实现一个具有完整功能的芯片；MCM 则可以集成大规模集成电路芯片，该技术不仅可以完善芯片功能，还可以缩小电子整机的体积。根据集成电路类型芯片可以分为两种，一种是基于 ASIC（Application Specific Integrated Circuit）技术的芯片，另一种是基于 FPGA（Field Programmable Gate Array）技术的芯片。根据计算方式，主要有基于云计算和基于边缘计算的芯片。AI芯片被广泛应用于自然语言处理、机器人流程自动化、计算机视觉及网络安全等领域（见图 2.11）。

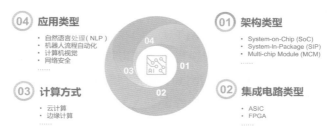

图 2.11　AI 芯片的市场细分

人工智能本质上是使用人工神经网络对人脑的模拟，旨在替代我们大脑中的生物神经网络。神经网络由一堆协同工作的节点组成，可以调用它们来执行模型。这就是人工智能芯片发挥作用的地方。它特别擅长处理这些人工神经网络，旨在用它们做两件事：训练（training）和推理（inference）。

原始神经网络最初未得到充分开发或训练，因此我们需要训练 AI 芯片，以能够快速有效地处理庞大的数据。芯片越强大，网络学习的速度就越快。一旦神经网络经过训练，就需要设计推理芯片，以便在现实世界中使用，例如面部识别、手势识别、自然语言处理、图像搜索、垃圾邮件过滤等。可以将训练视为字典，而推理类似于查找单词并了解如何使用它们，两者是相互作用的。值得注意的是，对训练芯片可以进行推理，但对推理芯片不能进行训练。

我们需要注意 AI 芯片是为云计算设计的还是为边缘计算设计的，以及我们是否需要针对这些计算来训练芯片。

云计算中，不需要设备上的芯片来处理任何推理，这可以节省功耗和成本。然而，因为数据是存储在云服务器上的，所以可能会因被黑客入侵或处理不当而泄露数据。相反，边缘计算的芯片比云计算的芯片更加私密和安全，因为所有数据都存储在设备上，并且芯片通常是为特定目的而设计的。例如，面部识别摄像头将使用特别擅长运行面部识别的模型的芯片。这也有缺点，向设备添加额外的芯片会增加成本和功耗。

目前市场上主要有以下几种人工智能芯片：

（1）基于云计算下的训练的 AI 芯片

目的是开发用于推理的 AI 模型，这些模型最终会被细化为特定于用例的 AI 应用程序。这种芯片功能强大且运行成本高，旨在尽快进行训练。

例如，NVIDIA 的 DGX-2 系统，其处理能力总计为 2 PetaFLOPS[⊖]。它由 16 个 NVIDIA V100 Tensor Core GPU 组成。另一个例子是英特尔 Habana 的 Gaudi 芯片。日常生活中，需要大量训练的应用程序，例如 Facebook 照片识别和谷歌翻译，并且这些模型的复杂度每隔几个月就会增加一次。

（2）基于云计算下的推理的 AI 芯片

在推理需要强大的处理能力的时候，不可能在设备上进行这种推理。这是因为应用程序需要使用更大的模型并处理大量数据。这里的示例芯片包括高通的 Cloud AI 100，这是用于处理海量云数据的大型 AI 芯片。再比如阿里巴巴

⊖ Peta，用于计量单位，表示 10^{15}，即千万亿次；FLOPS（FLoating-point Operations Per Second，每秒浮点运算次数），是巨型计算机的计算速度单位，即 1 秒内浮点运算的次数。

的环光 800，或者 Graphcore 的 Colossus MK2 GC200 IPU。

训练芯片用于训练 Facebook 的照片或谷歌翻译，而云推理芯片则用于处理创建模型所需要输入的数据，一般应用在人工智能聊天机器人或其他人工智能服务中。

（3）基于边缘计算下的推理的 AI 芯片

使用设备上的边缘芯片进行推理，可以消除网络不稳定或延迟问题，并且可以更好地保护所用数据的隐私及安全性。上传大量数据所需的带宽成本微乎其微，尤其是图像或视频等视觉数据，因此只要平衡成本和能效，它就可以比云计算推理更便宜、更高效。

这里的例子包括耐能的 KL520 和最近推出的 KL720 芯片，这些芯片是专为设备上使用而设计的低功耗且成本效益高的芯片，还有英特尔的 Movidius 和谷歌的 Coral TPU。这些芯片可以用于面部识别监控摄像头、车辆中用于行人和危险检测或驾驶意识检测的摄像头，以及语音助手。

所有这些不同类型的芯片及其不同的使用环境对于物联网（IoT）未来的发展至关重要，人工智能芯片领域也将迅速发展，以适应我们对技术日益依赖的需求。

2.3.2 构建虚拟环境

人工智能技术的发展对于构建元宇宙世界是至关重要的，它不仅可以用于训练出具备更高算力的芯片，还可以帮助提升参与者在元宇宙世界中的体验感。通过和 AR/VR 等技术的结合来优化虚拟体验，可以让参与者在虚拟世界中获得更强的沉浸感。且人工智能强大的深度学习算法，可以把人从构建元宇宙时的重复工作中解放出来，自动扩展元宇宙世界的边界。

1. 虚拟体验优化

人工智能可以协助人机交互（HCI）。当你戴上一个复杂的、支持 AI 的 VR 耳机时，它的传感器将读取和预测你的肌肉模式，以准确地知道你想要如何在虚拟世界中移动。AI 可以帮助你在 VR 中重现真实的触觉。另外，计算机在手势识别方面做得越来越好，这将使我们能够更自然地与计算机交互，AI 技术可以使计算机更加准确地理解人类的情绪和肢体语言。

眼动追踪是虚拟现实沉浸式界面的另一个重要方面：人类眼睛中的光感受器在中央凹的区域最为密集，中央的光感受器可以让人类感知最高分辨率，其他区域则是周边视觉。虚拟现实需要在人类眼睛聚焦的地方呈现最佳信息。AI 被用于预测人的眼睛接下来会看哪里，以帮助提前准备最佳渲染。这对于提供最身临其境的体验很重要。

每个人的大脑都不一样，所以 AI 的作用就是学习和适应每个人的独特性。研究人员已经训练 Neuralink 设备（见图 2.12）读取猴子的思想，这是通过使用人工智能来学习和解释从猴子大脑中植入的硬件接收到的数据来完成的。

2021 年，语言模型开始应用到视觉世界。文字本身就可以表达关于世界的大量信息，但它是不完整的，因为我们也需要视觉来获得信息。下一代 AI 语言模型将能够根据文本输入编辑和生成图像，同时，视觉空间包含复杂的信

息，可以创建合适的文字叙述方式，这将提高机器理解的
准确度。

图 2.12　Neuralink 大脑植入式装置

图片来源：Neuralink

2. 大规模扩展虚拟世界

当给定历史数据时，人工智能引擎会从之前的结果中
学习并尝试生成自己的结果。随着新的输入、人类反馈和
机器学习强化，人工智能的输出将得到改善。最终，人
工智能将执行任务并产生与人类几乎一样好的结果。像
NVIDIA 这样的公司正在训练人工智能来创建整个虚拟世
界。这一突破对于确保元宇宙的可扩展性至关重要，因为
这可以实现在没有人工干预的情况下让机器自动拓宽元宇
宙世界的边界。

2.3.3　虚拟身份

我们正在使用人工智能技术来模仿和取代人类行为。

人工智能通过分析用户在元界中的文字、信息等行为模式预测用户的性格、智力水平和经济水平。元宇宙使用人工智能来创建类似人类的声音和独特的内容。通过使用人工智能技术和元宇宙所需的大量数据，可以创建模仿人类行为的大量模式性的内容。

1. 精准的虚拟头像制作

用户是元宇宙的核心，而头像及虚拟身份将决定参与者的体验质量。人工智能技术可以分析二维用户图像或进行三维扫描，以创建高度逼真的模拟头像。为了让头像更有活力，它可以绘制各种面部表情来表达情绪，还可以表现老化引起的诸如皱纹和老年斑等面部特征。人工智能已经被 Ready Player Me 等公司用于帮助用户创建在元宇宙中的化身，而 Facebook（Meta）也正在开发制作虚拟头像的技术。

2. 数字时代的人类

在元宇宙中，数字人类是聊天机器人的三维版本。它们不是其他人的精确复制品，而是视频游戏中启用 AI 的非玩家角色（NPC），对用户在虚拟现实世界中的行为做出反应。数字人类完全是用人工智能技术创造的，从游戏中的 NPC 到虚拟工作场所中的自动化助手，很多科技公司已经在这个方向上进行了投资。

Epic Game 的 MetaHumans 项目于 2021 年 4 月刚刚进入抢先体验阶段，旨在将创建逼真角色的时间从几个月缩短到几分钟。除了角色的形状外，它还通过逼真的动作和表演使其看起来栩栩如生。图 2.13 展示了使用 Epic Game

的 MetaHuman Creator 制作出的虚拟人类。

图 2.13　Epic Game 的 MetaHumans

图片来源：Epic Game

3. 多种语言的转换

数字人类使用人工智能的主要方式之一是语言处理。人工智能可以帮助分解自然语言，将其转换为机器可读的格式，执行分析，得出结果，然后将结果转换为人类语言并将其发送给用户。整个过程只需要零点几秒，就像现实世界中的人类对话一样。并且，取决于人工智能的训练程度，对话可以转换成任何语言，以便来自世界各地的用户可以在元宇宙中无障碍地沟通。

今天，我们已经看到人工智能如何协助人类进行日常工作，如协助检查、测试、编码，甚至自动生成整个故事片段。随着越来越多的人成为数字内容创作者，我们希望 AI 扮演创意助手的角色，在人类创作者旁边工作，将创作过程中枯燥、重复或困难的任务自动化。AI 系统将从元宇宙中先前的示例和模式中学习，并使用学到的信息来协助新的创作过程。

然后可以使用这些预测来定制和调整玩家在个人层面上最具吸引力的内容和互动的体验。你可以想象拥有一个 AI 系统，可以组合甚至生成专为用户量身定制的内容和体验。

从提升元宇宙世界中处理庞大数据的算力到生成数字环境、塑造更逼真的 AI 角色，人工智能的潜在应用几乎是无限的。至于元宇宙，无论最终的形式如何，人工智能技术都无疑是构建元宇宙的极为重要的技术之一。

2.3.4 人工智能与数字孪生

数字孪生能够使元宇宙和现实世界相互影响。其中任何一方的变化都会导致另一个世界产生相应的变化。第 3 章将会结合虚拟现实技术，对数字孪生进行更具体的介绍，在此，我们先讨论人工智能技术在数字孪生中的应用。

数字孪生是对物理实体或系统具有高度完整性的数字克隆，并能够与物理世界实现实时交互。想要实现数字孪生对物理世界的所有功能，则需要大量地读取数据、处理数据及分析数据，在这个过程中，人为的操作无疑是低效的。因此，有必要将这个过程自动化，而深度学习技术可以训练机器自动从大量复杂的数据中提取有效信息，并进行分析处理。因此，深度学习在促进数字孪生的实施方面具有巨大潜力。有研究提出了一个通用的可应用于数字孪生的深度学习算法，如图 2.14 所示。在训练阶段，来自元宇宙和物理世界的历史数据融合在一起，用于深度学习训练和测试。如果测试结果符合要求，那么将实施自动化系统。

在实施阶段，来自元宇宙和物理世界的实时数据将被融合以进行模型的推理。

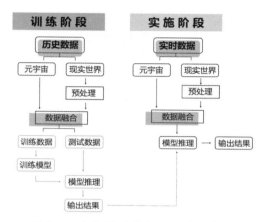

图 2.14 应用于数字孪生的人工智能算法

参考文献

[1] 飞向未来（董天一）. 什么是 IPFS？（一）[EB/OL]. 知乎，(2018-02-22)[2022-01-30]. https://zhuanlan.zhihu.com/p/32615963.

[2] ALSOP T. Global artificial intelligence (AI) chip market revenue 2017-2027 [EB/OL]. (2021-10-19)[2022-01-30]. https://www.statista.com/statistics.

[3] GARIBAY T. Artificial Intelligence Chips: Past, Present And Future [EB/OL]. (2018-08-02). https://semiengineering.com.

[4] LEE J, AZAMFAR M, SINGH J, et al. Integration of digital twin and deep learning in cyber-physical systems: towards smart manufacturing[J]. IET Collaborative Intelligent Manufacturing, 2020, 2(1): 34-36.

03

第 3 章

元宇宙与沉浸式交互技术

　　元宇宙概念的兴起，对其核心技术的发展是机会，也是挑战，而在众多技术中，沉浸式交互技术是非常重要的。此技术在辅助医疗、工业设计、VR 游戏、3D 电影等领域得到了广泛应用。本章主要介绍沉浸式交互技术的概念、理论基础及相关应用。

3.1　沉浸式交互技术介绍

随着元宇宙概念的发酵，更多人将目光投向沉浸式交互技术领域。沉浸式交互技术可以使元宇宙更加逼真，从而使人们更好地感受这个世界，因此，沉浸式技术是元宇宙的核心技术。沉浸式交互技术包括很多方面，目前常用的技术包括虚拟现实（Virtual Reality，VR）、增强现实（Augmented Reality，AR）、混合现实（Mi-xed Reality，MR）、扩展现实（eXtended Reality，XR）。VR可以实现元宇宙中信息的输入和输出，通过全面接管人的视觉、听觉、触觉和动作捕捉以带给人全方位的沉浸式体验。AR在保留真实世界的基础上叠加一层虚拟信息，但是在此阶段还不能实现交互。MR则是虚拟与现实的混合体，它能创造出可以与真实环境交互的虚拟物体，通过在视网膜上投射光场，实现部分虚拟影像的保留且能与现实自由切换。最后，XR包括了三种"现实"（AR、VR、MR），也越来越多地被提及。

人类对现实世界的精神扩充是不断发展的，从过去手写的文字和手绘的图画，到后来的电影、电视，还有如今的PC游戏、VR游戏等，其中的核心技术就是沉浸式交互技术。虚拟现实补偿论和世界模拟理论是支撑此扩充历程的重要基础。所谓虚拟现实补偿论，就是一个人在现实世界中所欠缺的，会在虚拟世界中努力弥补。在可能的情况下，他会在现实世界中实现虚拟世界的补偿。而世界模拟理论则假设一个文明为了得到补偿而创造虚拟世界的冲动是永恒的，那么长期的发展必然会创造一个虚拟世界，而其本身所在的世界也有可能是更上层的设计者所打造的。让·鲍德里亚（Jean Baudrillard）的拟像理论将人类模拟的历史分为三个阶段：仿造、生产和仿真。

- 仿造：真实与虚拟尚可辨别，且真实高于虚拟。这个阶段遵循自然价值规律，认为在现实世界中的事物才是有价值的，追求的是让仿造品模拟、复制自然和反映自然。
- 生产：真实与虚拟事物的地位逐渐趋于平等。这个阶段遵循市场规律，目的在于赢得市场价值。大量生产的仿制品和真正的摹本形成平等的关系。
- 仿真：真实与虚拟相混淆。这个阶段遵循结构价值规律，其目的是使仿真与真实给人无差别的体验。在仿真阶段，仿真品通过可复制技术生产出来，而由此现实物品被定义成了"可能产生一种同等复制品的事物"。当复制过程不断推进，拟像将现实同化为自身，两者之间的界限就消失了。

由这个理论可见，人类对于虚拟现实的追求是不断向前的，而图 3.1 也充分证明了在方式上人类自身对虚拟现实的不断的精神扩充。

3.1.1 虚拟现实

虚拟现实（VR）技术主要涉及计算机、电子信息、仿真技术。VR 通过设备隔绝了所有现实世界的画面，创造出一个完整的虚拟环境。用户可以通过 VR 头戴式显示器体验 3D 虚拟沉浸感。虚拟现实技术使用计算机生成模拟环境并使用户沉浸在环境中，利用现实生活中的数据，通过计算机技术产生的电子信号，结合各种输出设备，将其转化为人们可以看到的虚拟影像。这些影像可以是现实中的真实物体，也可以是我们肉眼看不到的物质，这些影像会通过三维模型来表达。因为这些影像并不是我们可以直接看到的，而是通过计算机技术模拟出来的真实世界，所以被称为虚拟现实。虚拟现实能让用户完全沉浸在虚拟的世界中。真正的虚拟环境应该能够模拟出人类的五觉（味觉、视觉、嗅觉、触觉、听觉），但是就目前的技术而言，还无法完全实现。

图 3.1 对现实世界的精神扩充阶段

由于智人的大脑经过 20 万年的进化，人类对外界反应的本能已基本成形，所以想用虚拟现实来欺骗眼睛是一件非常具有挑战性的事情。如果我们将眼睛靠近屏幕，透过余光我们可能还会看到屏幕外的现实世界，而如果眼睛过度贴近屏幕，则无法聚焦，从而无法看清物体。

VR 设备也经历了数次迭代更新：

- CardBoard：为了让左右眼都看到正常的画面，将图像左右分屏，并且分屏后两眼看到的图像略有差异，这样能够产生立体距离感，通过凸透镜镜片就可以把屏幕推到一米远的地方，但是这样做会使得画面变形并产生彩色边缘。将图像做反变形，边缘做反色彩，就能很好地抵消这一负面效应。为了解决视野中存在其他物体的问题，可以用一个纸盒将镜片套住来遮挡住多余的视线。谷歌就是基于以上原理推出了第一代简易 VR 设备 CardBoard。

- VR 一体机：尽管 CardBoard 已经满足了一个 VR 基本的需求，但是这个简易盒子并不能满足消费者的穿戴需求。为此，一些研究者开始改良 CardBoard，将纸盒换成海绵和橡胶。由于男女面部结构不同，并且为了满足近视人群的需求，新盒子加了眼距调节功能。不过这种盒子需要将手机作为 VR 的一部分，也称作 VR 一体机，例如小米 VR 眼睛、暴风魔镜。

  然而，这个技术有很多不足之处。首先，手机的 GPS 精度太低，人在戴上 VR 眼镜后，画面不能根据人的移动实时变化。其次，在这个阶段是利用气压传感器来测量高度，这会导致偏差太大，虚拟世界中根本无法知道人的高度，从而导致人的高度无法用手机测得。在人下蹲或站起的时候，也就无法知晓地面离人有多远，对于人的四肢的移动更是无法得知。手机唯一知道的，就是靠重力加速计和指南针确定上下左右的方向，以及通过陀螺仪来观察角度的变化，让现实世界的物体根据玩家头部方向的变化而变化。当人佩戴 VR 的时候，在一个固定位置发生了一个角度的变化，手机需要进行计算来渲染实时画面。这与人类大脑认为应该产生变化的时刻有轻微的延迟，由此产生的眩晕感足以让人感觉不适。

- VR 分体机：一部分厂商为了将手机从 VR 设备中脱离出来，提升了设备的便携性，但就性能而言，仍然属于轻量级产品，其玩法和 VR 一体机几乎一致，国内外推出的产品有小鸟看看的 Pico neo、三星 Gear VR 等。

- PC VR：VR 一体机和 VR 分体机都是基于移动端处理器的，为了得到更高的分辨率、刷新率以及更精准的追踪精度，必须加入高性能的 PC。不仅如此，还需要用多个高速摄像机来追踪玩家的动作，其中最为出名的产品有 HTC VIVE。

  HTC VIVE 搭载了 Valve 控制器与 Lighthouse 定位系统，并提供了两块具有 1200×1080 像素分辨率和 90Hz 刷新率的屏幕，为用户带来了超低的延迟度和爽快的游戏体验。steam 平台为其提供了丰富的游戏生态，给消费者带来非常好的体验，但是 PC VR 通常是高端玩家和一些专业需求的玩家的选择，相对来说其价格也是非常昂贵的。

- 家用主机 VR：微软和任天堂并未在家用主机领域推

出产品，索尼依靠多年的技术积累以及游戏生态推出了 PS VR，在游戏主机性能的加持下，通过摄像头来监控玩家手中握持的彩色灯球来对位置及动作进行跟踪。但是不同于 PC 平台，索尼游戏生态的独立性决定了游戏内容不如 PC VR 丰富。

图 3.2 中展示了各公司推出的 VR 产品。

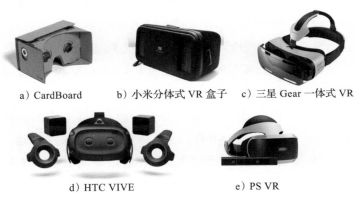

a）CardBoard　　b）小米分体式 VR 盒子　　c）三星 Gear 一体式 VR

d）HTC VIVE　　　　　　e）PS VR

图3.2　各公司推出的VR产品

图片来源：a）Bilibili；b）贤集网；c）太平洋电脑网；d）维科网；e）索尼

3.1.2　增强现实

增强现实（AR）技术通过在现实世界中叠加图像和使用全息图像，将虚拟物体与现实世界相结合。AR 眼镜最早是由谷歌开发的，每个镜头都有一个内置投影仪，将现实与虚拟相结合。它的功能类似于放在眼镜上的智能手机。本质上 AR 和 VR 很相似，从长远来看，它们是与现实和虚拟重叠并相互作用的产品。与 VR 不同的是，AR 是对现实世界的增强，而 VR 的核心结构主要以环境模拟系统为主，完全放弃了现实世界，力求构造完美的能欺骗人感官的虚拟世界。然而，在光学层面上，还不能完全混淆虚拟世界和现实世界。

然而在光学层面上，它们不能混淆，中间会有一个过渡阶段。从技术上来看，在 VR 和 AR 的路线图上，可以看出底层芯片都是高通，算法上都是将视觉技术 AI 相结合，内容引擎都是 Unity。AR 对光学和算法的要求更高，在光学上必须实现透镜的半导体光学技术，算法上需要大尺度定位等技术。流行的 AR 应用有 Pokemon Go 和 Snapchat 的 AR bit-mojis。相比于设备佩戴步骤烦琐的 VR，AR 的用户基数更大，应用场景更多，医药、教育、工业上的各种实际应用已经佐证了 AR 作为工具对人类的影响更为深远。

AR 设备分为 AR 手机和 AR 智能眼镜两大类。苹果很早就在 AR 领域布局，在 2015 年收购 Metaio，并发展成为 ARKit，在 WWDC2017 开发者大会上，苹果通过 ARKit 在 iOS 11 系统上提供接口，采用计算机视觉技术的软件解决方案通过结合摄像头、陀螺仪和加速度计实现对真实环境的智能理解。在经过了两次迭代后，于 WWDC2019 在 ARKit3 上完成了游戏《我的世界 AR》的现场演示，该游戏支持真人抓取、全身动作捕捉，并在随后的更新中加入了 LiDAR，降低了对硬件配置的要求。

AR 智能眼镜，如 ODG、Darqri、Vuzix、Epson、Snap-chat，都在企业或消费领域推出了自己的产品。ODG（Osterhout Design Group）是美国重要的军工企业之一，成立于 1999

年，其前身为技术孵化器，目前主要做 AR 头显，搭载骁龙处理器和 1080 像素的 OLED 显示器，其独立的电脑眼镜与具有"透视效果"的 3D 显示器具有广泛的市场，导航系统和惯性传感技术使用户能够体验远程呈现、远程维护和远程维修，并且在工业生产领域也有不错的表现。

图 3.3 展示了 AR 手机与 AR 智能眼镜设备。

a）苹果 AR 手机应用   b）ODG 的 AR 眼镜

图3.3 AR手机与AR智能眼镜设备

图片来源：a）苹果官网；b）Slashgear

3.1.3 混合现实

混合现实（MR）是指真实和虚拟世界融合后产生的新的可视化环境，在该环境下真实实体和数据实体共存，同时能实时交互。也就是说，将"图像"置入了现实空间，同时这些"图像"能在一定程度上与我们所熟悉的实物交互，而 MR 的关键特征就是虚拟物体和现实物体能够实时交互。MR 介于增强现实和虚拟现实之间，模糊了虚拟与现实的界限，将数字虚拟物体融入现实世界进行交互，在虚拟世界中现实物体又以虚拟现实的形态出现。

从概念上来说，MR 和 AR 很相似，但是 MR 可以实现与现实世界的交互并且即时获取信息。传统 AR 技术主要使用棱镜光学原理折射现实影像，但是视角不大，而且清晰度也不够高，新型的 MR 技术为了带来更好的沉浸式交互体验，或许会在除了眼镜、投影仪之外，选择头盔、镜子、透明设备等作为其技术的载体。目前技术较为领先、功能较为全面的 MR 设备有微软的 HoloLens 系列，包括 2015 年发布的 HoloLens 1 和 2019 年发布的 HoloLens 2。用户可以通过凝视、语音、手势与全息影像进行交互。除了微软的 HoloLens 系列 MR 设备之外，还有三星玄龙 MR 和惠普 MR 等较为知名的 MR 设备（见图 3.4）。

a）惠普 MR   b）三星玄龙 MR   c）HoloLens 2

图3.4　MR设备

图片来源：a）搜狐-VR科技网；b）搜狐-我爱音频网；c）看点快报

HoloLens 1 是首个完全不受线缆束缚的全息计算机。HoloLens 2 在 HoloLens 1 的基础上增大了视场角，增强了摄像头清晰度，并增加了眼球追踪功能。HoloLens 主要定位于 B 端市场，同时也为美军提供军用版。目前，HoloLens 2 在美国、加拿大、中国、日本、韩国及欧洲多个国家销售。微软下代产品 HoloLens 3 的主要研发计划则是提高沉浸感，减少其重量和功率，从而提高社会民众的接受度。

3.1.4 扩展现实

扩展现实（XR）是指通过计算机将真实与虚拟相结合，打造一个可以人机交互的虚拟环境，这也是 AR、VR、MR 等多种技术的统称。XR 是快速发展的领域，并且可以应用在许多方面，例如环境、行销、房地产、教育训练以及远端工作。

XR 与 AR、VR、MR 等多种技术的具体关系如图 3.5 所示。通过将三者的视觉交互技术相融合，为体验者带来虚拟世界与现实世界之间无缝转换的"沉浸感"。XR 技术主要能够进行视觉、听觉、触觉、嗅觉、味觉上的感官模拟，还有体感模拟（通过肢体动作变化来操作交互）和脑机接口（在大脑与外部环境之间建立一种全新的不依赖于外周神经和肌肉的交流与控制通道，从而实现大脑与外部设备的直接交互）。XR 技术对目前的一些新兴领域，诸如虚拟数字人、仿真机器人、脑机接口等有很大帮助。

MR 虚拟世界和现实世界融合，并且可以实现交互

AR 硬件和软件相结合，将虚拟世界叠加在现实世界之上

VR 依靠设备进入虚拟世界，但虚拟和现实并未完全融合

虚拟世界　　　　　　　　　**现实世界**

XR 涵盖了在虚拟世界中增强人类感官的所有技术

图3.5　XR 与 VR、AR、MR 的关系

3.2 沉浸式交互技术的支撑与开发

沉浸式交互离不开其背后的技术开发与支撑，比如图像显示原理，以及数据可视化（以图形方式表达数据）、计算机图形学（3D 模型，建立更加逼真的模型），还有其他的支撑技术（如后台基建：5G/ 算力与算法 / 云计算、底层架构等）。下面将介绍这些技术的原理和实现方法。

3.2.1 图像显示原理

图像显示原理依靠头戴式设备，其核心是头戴式设备屏幕，包含两大基本元素：光学（optics）和图像显示（image display）。

1. 光学

人的两只眼睛都能看到的图像的总角度称作视场（Field of View，FoV），人类的水平双目视场为 200 度，双目重叠占到了 120 度。双目重叠对立体视觉的建立非常重要。与水平视场不同，垂直视场约为 130 度，如图 3.6 所示。

图3.6 人的水平和垂直视场

瞳孔间距（Inter-Pupillary Distance，IPD）就是瞳孔之间的距离，与种族、性别、年龄有关。不合适的 IPD 可能会使得晶状体产生畸变，或导致眼睛疲劳和头痛。儿童的最小 IPD 大约是 40 毫米，而成人 IPD 的平均值约为 63 毫米。如图 3.7 所示，人类的每只眼睛通过合并两个独立的视角来获得景深以及浸入式的感觉，但需要大脑为图像成形消耗大量的计算能力。

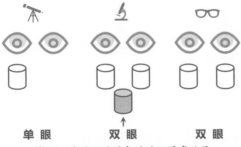

图3.7 使用不同设备时的沉浸感效果

眼睛中的光学设备主要解决三个问题：首先，对视野的内容进行瞄准，使它呈现出更大的距离；其次，对视野的内容进行放大，方便用户观看；最后，光的折射传递到用户视野中。

光学设计系统分为两种结构，或者说是增强现实或者虚拟现实的基础架构，分别为直视型结构（pupil forming）以及非直视型结构（non-pupil forming），这两个结构的观察效果如图 3.8 所示。单独的镜片通过组合形成了非直视型结构，经过设计，通过放大镜直接投射到显示屏上。在进行光的渲染时，会有一个明显的缺点：枕形失真（pincushion distortion）[⊖]。而在直视型结构下，单个镜片产生枕形失真后，第二个镜片会产生桶形失真（barrel distortion）[⊜]，从而抵消了第一个镜头产生的畸变，最后得到一个更为真实和清晰的图像。这种设计被广泛应用在那些并不需要高度沉浸感的设备中，比如 Hololens 和 Google Glass。

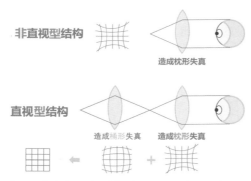

图3.8　在非直视型结构和直视型结构中的观察效果

光在传播过程中遇到障碍物或小孔时，光线偏离直线路径而绕到障碍物后面传播的现象称为光的衍射。光栅越细，分辨率越高。衍射图像在光路上传播，然后通过衍射光栅还原图像，实现高质量的图像传输。

光波导是一种引导光波传播的介质器件，也称为介质光波导。它通过光的全反射原理，实现光在光路中的低损耗传输。光波导应用占用空间小，有利于 AR 眼镜的薄型化，但由于其制作复杂，成本高，并且不同颜色的光的折射率不同会产生彩虹效果，因此光学设计难度大。波导是

⊖　枕形失真：由镜头引起的向画面中心收缩的现象。
⊜　桶形失真：由镜头引起的向画面四周膨胀的现象。

一种物理光学结构设计，可以使光线曲折进入人的眼睛，被用于内部的反射以及光线进出的控制。工业上有四种波导结构设计，分别是全息波导（holographic waveguide）、衍射波导（diffractive waveguide）、偏振波导（polarized waveguide）与反射波导（reflective waveguide）。全息波导是光学元件中一种相当简单的波导类型，例如用于通过一系列内部反射进行耦合和外耦合，其工作原理如图 3.9 所示。

图3.9 全息波导的工作原理

2. 图像显示

目前的显示技术有三种类型：全沉浸式、光学透视型与视频透视型。这三种类型的演示图如图 3.10 所示。

图3.10 全沉浸式、光学透视型与视频透视型的演示图

全沉浸式显示器与传感器结合在一起，完全挡住了用

户视野。在"光学透视眼镜"中，用户可以直接通过光学元件查看现实。Hololens 和 Google Project Glass 是最近通过智能眼镜进行光学透视的例子。借助视频透视型智能眼镜，用户可以观看由摄像头捕获的图像，将这些相机视图与计算机生成的图像结合起来，可提升用户观感。

图像显示技术发展非常迅猛，目前有四大显示技术：液晶显示器（LCD）、发光二极管（OLED）、数字光处理（DLP）与 LCoS，而 LCoS 又称为 LCD 与 CMOS 集成电路有机结合的反射型新型显示技术。

（1）液晶显示器

LCD 在高清电视中很常见，它由包含液晶分子的单元阵列组成，该单元夹在两个偏振片之间。这种装置安置于数百万个晶体管的薄玻璃基板之间。单个 RGB 液晶单元称为子像素，三个子像素形成一个像素。对于彩色 LCD，将包含红色、绿色和蓝色滤光片的附加基板，放置在该基板的每个单元上方。LCD 的结构如图 3.11 所示。

图3.11　LCD结构图

电流流过玻璃材料，改变电流可以使 LCD 调节光的通过以产生精确的颜色。如果所有子像素都完全打开，则会产生白光。由于液晶单元本身不发光，因此需要通过背光来实现。液晶单元只能改变光的通过以产生所需的颜色并随后产生图像。

（2）发光二极管

OLED 基于有机（碳和氢键结合）材料，通过载流子的注入和复合而致发光，发光强度与注入的电流成正比。OLED 在电场的作用下，阳极产生的空穴和阴极产生的电子会发生移动，分别向空穴传输层和电子传输层注入，迁移到发光层。当二者在发光层相遇时，产生能量激子，从而激发发光分子，最终产生可见光。

相比于 LCD，OLED 由于不需要外部背光，因此结构相对简单，可以做得非常薄。不仅如此，设备功耗大大降低，屏幕图像刷新速度更快，具有更高的对比度和更加出色的色彩还原，分辨率更高。大多数完全浸入式头戴式显示器都使用此技术。

（3）数字光处理

德州仪器最早开发了微型显示器 DLP 芯片。该显示器由大约 200 万个单独控制的微镜组成，每个微镜显示单个像素。每个微镜的尺寸约为 5.4 微米。RGB 光在微镜上反射，由于微镜的特性，一秒内可以在任意方向上进行数千次重定向，因此视网膜上可以根据 LED 灯颜色的改变而产生不同的阴影。

DLP 微型显示器是现有最快的显示技术之一。超快的颜色刷新速度、低延迟、低功耗和极高的分辨率使其成为构建头戴式显示器的不二选择。

（4）LCD 与 CMOS 集成电路有机结合的反射型新型显示技术

LCoS 介于 LCD 和 DLP 显示器之间。不同于 LCD 的透射技术，DLP 是一种反射技术，其中各个子像素通过微镜反射。光源通过反射表面时，会通过一系列子滤镜来调制光强度和颜色。与 DLP 显示器类似，由于其小尺寸，在与小型设备集成时具有相当大的灵活性。Magic Leap One 就使用了此技术。目前正在开发的显示技术要求极高的分辨率，平板的头戴式显示器可能已成为 AR 设备的历史。

透过屏幕，用户才能观察到五彩缤纷的虚拟世界，如果说显示技术是基石，那么数据可视化是助推器，它将多个维度、层次、空间的数据更加简单地传递到用户的视野，极大地丰富了用户体验。

3.2.2　数据可视化

数据可视化（data visualization）就是将抽象的数据转化为人类更容易感知的图形及图像的过程。通过计算机技术，数据可视化将复杂的、抽象的数据转化为结合了图形、符号及颜色等因素的更容易被人脑感知的图像，被转化成可视化图像的数据可以更加直观地传递其包含的信息。而由可视化传递出来的数据信息再由用户形成结论或决策，并将有效信息进行传播和应用。

数据可视化主要对数据进行可视化展示及分析。可视化与元宇宙息息相关，其流程如图 3.12 所示。完整的可视化流程就是数据空间到可视空间的映射，从收集来的原始数据中通过数据分析得到预备数据，过滤后得到焦点数据（过滤后的比较重要的数据）。通过映射将焦点数据转换成几何数据，最后通过渲染获得图像数据。

图3.12　可视化流程

数据可视化的目的主要是读出数据中三方面的信息：

1）数据中的规律：可视化可以有效地呈现数据的重要特征，在数据中发现客观规律；

2）展示数据间的关系和相关性；

3）清晰地表达数据中的异常值。

数据可视化包含三个分支：**科学可视化**（scientific visualization）、**信息可视化**（information visualization），以及后来演化出的**可视分析**（visual analytics）。

1. 科学可视化

科学可视化的概念和作用由美国计算机科学家布鲁斯·麦

考梅克在其 1987 年关于科学可视化的定义中首次提出："利用计算机图形学来创建视觉图像，帮助人们理解科学技术概念结果的那些错综复杂而又往往规模庞大的数字表现形式。"

科学可视化面向的是科学和工程领域数据，比如空间坐标和几何信息的三维空间测量数据、计算机仿真数据、医学影像数据，重点探索如何以几何、拓扑和形状特征来呈现数据中蕴含的规律。科学可视化主要关注如建筑学、气象学、医学或生物学方面的各种系统的三维现象的可视化，它是一个跨学科研究与应用的领域，其重点在于对体、面以及光源等的逼真渲染，还包括某种动态（时间）成分等。科学可视化主要利用计算机图形学将数学方程等文字信息转换成客观的视觉图像，从而有助于观看者快速了解状况，更好、更快速地做出有效的判断。

2007 年召开的 ACM SIGGRAPH 科学可视化研讨会确认了可视化技术方法涉及二维、三维以及多维可视化，如色彩变换（color transformation）、高维数据集符号、气体和液体信息可视化、立体渲染、等值线（isoline）和等值面、着色、颗粒跟踪、动画、虚拟环境技术以及交互式驾驶（interactive steering）。进一步延伸的主题则包括交互技术、已有的可视化系统与工具、可视化方面的美学问题，而相关主题则包括数学方法、计算机图形学以及通用的计算机科学。

图 3.13 展示了多种不同的科学可视化案例。

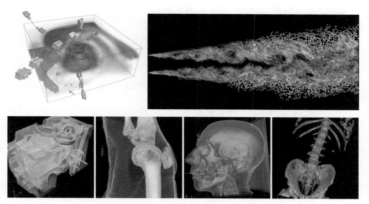

图3.13　多种不同的科学可视化案例

2. 信息可视化

信息可视化是由斯图尔特·卡德（Stuart K. Card）、约克·麦金利（Jock D. Mackinlay）和乔治·罗伯逊（George G. Robertson）于 1989 年提出的，主要用于研究大规模非数值型信息资源的视觉呈现，即将数据信息和知识转化为一种视觉形式。信息可视化处理的对象是非结构化、非几何的抽象数据，如金融交易、社交网络和文本数据，其核心挑战是大尺度高维复杂数据如何减少视觉混淆对信息的干扰。

马里兰大学教授本·施奈德曼（Ben Shneiderman）把数据分成以下七类：一维（1D）数据、二维（2D）数据、三维（3D）数据、多维（multidimensional）数据、时态（temporal）数据、层次（tree）数据和网络（network）数据。信息可视化方法根据不同的数据也可以划分为以下七类：一维信息可视化、二维信息可视化、三维信息可视化、多维信息可视化、时间序列信息可视化、层次信息可视化和网络信息可视化。信息可视化和科学可视化有一定的区别，科学可视化是空间数据场的可视化，其重点放在如何真实、快速地显示三维数据场上；信息可视化则是指非空间数据的可视化，主要是用图像来显示多维的非空间信息，使用户加深对信息含义的理解，同时利用图像的形象直观性来指引检索过程，加快检索速度。

信息可视化可以处理类型繁多的大数据，本节根据数据特点将其分为以下几类：分类数据、时间序列数据、空间数据、层次数据和文本数据。其中，分类数据是具有两个或多个类别的变量，类别没有内在排序，也没有时间变化趋势，通常使用一维标量法进行可视化分析；时间序列数据是指带有时间属性，会随着时间变化的数据，它又包含了需要基于过去的时间数据进行分析的时间属性数据和需要实时关注变化情况的流数据；空间数据是指包含空间维度的数据，空间数据中的点数据对象通常是地理空间中离散的点，具有经度和纬度的坐标，但不具备大小尺寸，空间数据中的线数据通常指连接地图上两个或更多地点的线段或者路径，空间数据中的面数据（区域数据）通常是通过各个地理区域的面积来描述不同的地理位置对应的对象数据；层次数据是一种着重表达个体之间的层次关系，抽象成树结构，表达包含和从属等关系的数据；文本数据就是各种文字数据，比如物品清单、人员信息等。图 3.14 展示了多种不同的信息可视化案例。

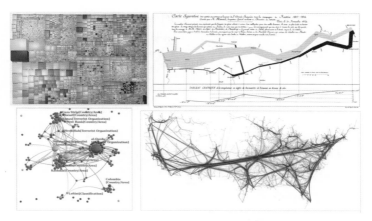

图3.14　多种不同的信息可视化案例

3. 可视分析

可视分析被定义为以可视交互界面为基础的分析推理科学，它将图形学、数据挖掘、人机交互等技术融合在一起，形成人脑智能和机器智能优势互补与相互提升。数据可视化可以是静态的或交互的：静态可视化为用户提供了面前的单一视图；交互式数据可视化大屏使用户能够深入研究数据并提取和检查同一数据集的各种视图，从而选择希望以可视化格式查看的特定数据点。为了能够从数据中获得最佳见解，并从数据分析中获得最大收益，需要无缝结合可视化分析和数据可视化。图 3.15 展示了多种不同的可视分析案例。

数据可视化的实现大都借助于编程。可视化有很多常用的编程库，如 D3.js、Recharts、Victory、React-vis、V Charts、Trading Vue.js、Chartkick、Flexmonster、Webdatarocks、ApexCharts、Chart.js、Echarts、Frappe Charts、Nivo、Google

Charts、amCharts、CanvasJS、Highcharts、Zoomcharts，它们都是基于 JavaScript 的。另外，基于 Python 的探索式可视化库有 Matplotlib、Seaborn、Pyecharts、Missingno 等，还有一些基于 Python 的交互式可视化库，如 Bokeh、HoloViews、Plotly、pygal、plotnine、Altair、ggplot、Gleam。

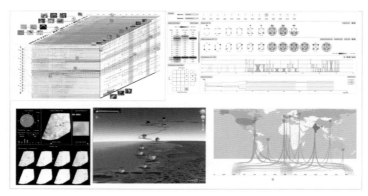

图3.15 多种不同的可视分析案例

另外，比较流行的可视化软件有 tableau、Power BI、Dagoo 等，这些软件使得可视化简单易做。如果是零编程基础者，也可以使用 RAWGraphs、ChartBlocks、Qlik-View、Datawrapper、Visme、Grow、iCharts 等图表工具，Infogram、Visual.ly 等信息图工具，InstantAtlas 等地图工具，Geiph 等关系网络图工具以及 Wolfram|Alpha 等数学图形工具。如果作为开发者使用可视化软件，可以使用 ECharts、D3.js、Plotly、Chart.js、Google Charts、Ember Charts 等编程库。

若想了解更多关于可视化的信息，可以关注期刊 *IEEE Transa-ctions on Visualization and Computer Graphics*、重

要会议 IEEE VIS、面向生物领域的会议网站 www.biovis.net，以及面向经济领域的可视化网站 www.econvis.cn 等。

3.2.3 计算机图形学

计算机图形学是一种使用数学算法将二维或三维图形转化为计算机显示器的栅格形式的科学。简而言之，计算机图形学的主要研究内容就是如何在计算机中表示图形以及如何利用计算机进行图形的计算、处理和显示的相关原理与算法。虚拟现实被称为"下一代互联网"以及"下一代移动计算平台"，而计算机图形学是实现虚拟现实最重要的技术保证。

有别于数据可视化，计算机图形学主要处理三维物体的建模、绘制、渲染等。当然，数据可视化和图形学也存在很多联系，有些子领域交叉比较多，如科学可视化和图形学。目前该科学广泛应用于计算机辅助设计与制造（CAD/CAM）、科学计算可视化、计算机游戏和虚拟现实等领域。计算机图形学主要包括建模、渲染、动画和人机交互技术，以下将介绍这四个方面。

1. 建模

要在计算机中表示一个三维物体，首先要有它的几何模型表达。建模是一种通过计算机表示、控制、分析和输出几何实体的技术，即基于几何信息和拓扑信息对形体描述的技术，如图 3.16 所示。在虚拟世界中，几何建模可以反映出一个虚拟对象的静态特性。几何建模的范围很广，这里介绍几何建模中的几个概念，其中包括三角形集合、网格重建、平滑和细分。

- 三角形集合：用三角形的集合作为对几何体的表达。
- 网格重建：生成网格去处理由三维扫描仪获得的离散顶点的三维坐标。
- 平滑：通过增加顶点，使得三角网格看起来更平滑。
- 细分：渲染出平滑表面，另外可以使网格显示出一个层次的结构。

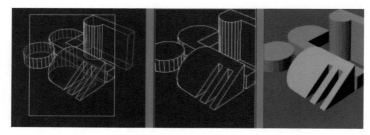

图3.16　几何建模概念图

图片来源：Cornell CIS: Program of Computer Graphics

2. 渲染

渲染是绘制三维几何模型的技术，利用计算机辅助提高建模的真实感，目前的渲染技术已经能够将各种物体，包括皮肤、树木、花草、水、烟雾、毛发等渲染得非常逼真，主要的技术有局部光照模型（local illumination model）、光线跟踪（ray tracing）、辐射度（radiometric）、全局光照模型（global illumination model）、Photo Mapping、BTF、BRDF以及基于GPU的渲染等。

建模和渲染是提升元宇宙中沉浸感与真实感的两个技

术核心，目前基于 GPU 的图像成像就是结合几何建模和渲染，首先需要使用几何建模技术对顶点数据进行几何处理，然后使用光栅图形学技术对几何处理后的数据进行光栅化，最后导出图像。如图 3.17 所示，建模与渲染是具有连贯性的，这也是使图像成像的基本步骤。

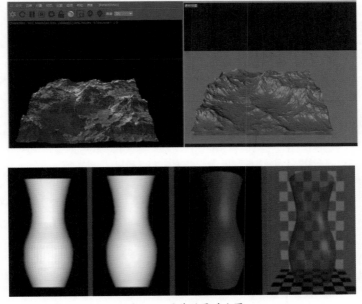

图 3.17　渲染效果对比图

图片来源：Z COOL

计算机图形学中的图像渲染工作流程如图 3.18 所示，详细介绍如下。

（1）GPU 应用阶段

● 准备场景数据（模型、光照等）。

- 清除视野外数据。
- 设置模型渲染信息（纹理、材质等）。
- 输出渲染图元（点、线、三角面等数据）。

（2）GPU 渲染阶段

- 几何处理：操作渲染图元，变换坐标（如变换顶点坐标为屏幕坐标），顶点信息配置（如每个顶点的深度值、着色），然后输出屏幕空间的二维顶点的坐标、深度值、着色等数据。
- 光栅化：将顶点数据转换为片元。片元中的每一个元素对应于帧缓冲区中的一个像素。其本质就是将几何图元变为二维图像。

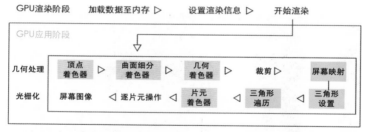

图3.18　计算机图形学中的图像渲染工作流程图（橙色底纹表示可编程，无底纹表示不可编程但可配置，绿色底纹表示不可编程且不可配置。顶点着色器必须由开发者编译，其余着色器则可选）

3. 动画

动画是使用连续播放静止图像的方法产生物体运动的效果的技术，主要包括人体动画、关节动画、物理仿真、运动动画、脚本动画等还可以进行环境渲染。

在计算机图形学里，动画分为两类：实时动画和逐帧动画。实时动画通过修改一帧画面上的像素点来实现动画效果，但是前提条件是实时动画的生成频率与设备的帧刷新频率要完成匹配。逐帧动画类似于电影放映机，每个画面和之前的画面都会有重叠的部分，每个画面（帧）都是一个完整的图片，通过快速播放画面，实现连贯动作效果。

从维度上看，如图 3.19 所示，动画又可分为二维动画和三维动画。传统的二维动画需要画师一张一张画出来，再由摄像机逐张拍摄从而连贯起来形成画面。在计算机出现之后，二维动画的制作时间得以缩短，过程得以简化。三维动画在数字化时代可以全方位展现物体的特性，相比二维动画，它可以重复利用素材，减少成本，利用计算机技术模拟真实物体的运动，将其清晰地展示在人们眼前。常用的动画制作工具有 3DMAX、AutoCAD、MAYA、OpenToonz 等，图 3.20 给出了一些演示案例。在元宇宙中，三维动画极大地满足了消费者对于虚拟世界的想象。

图 3.19　哆啦 A 梦 2D 与 3D 的对比

图片来源：unwire.hk

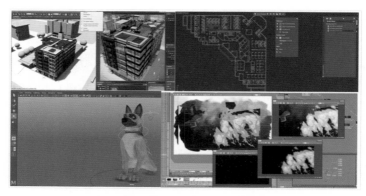

图3.20　制作动画的常用软件演示案例

4. 人机交互

人机交互（Human-Computer Interaction，HCI）是图形学中很关键的一门技术，在数据可视化领域也常用到。它主要是指人与计算机之间通过有效的交互方式传递任务和信息的技术。目前主流的交互界面是以 WIMP（窗口、图符、菜单、鼠标）为基础的图形用户界面（GUI），而近年来语言、三维交互技术、姿势输入、头部跟踪、视觉跟踪、立体显示、感觉反馈及自然语言界面等新的交互想法和领域也在不断产生。

比如微软在 2010 年推出的 XBOX360 体感外设 Kinect，它不需要使用任何控制器，仅依靠相机捕捉三维空间中玩家的运动，同时能导入即时动态捕捉、影像辨识、麦克风输入、语音辨识、社群互动等功能。Kinect 不仅在游戏领域发挥作用，在医疗康复领域也能辅助进行肢体康复训练，在航天领域，美国航空航天局使用它协助空间站人员操纵机器臂，在科研领域，它也大大加快了硬件应用的发展速度。Kinect 的演示效果如图 3.21 所示。

图3.21　Kinect演示效果图

图片来源：gamerhub.tv

　　还有像 Leap Motion 这样的手势交互设备、只听令于身体的一部分（如手臂、腿）的 MYO 腕带等，它们能够精确地识别手的各个关节的活动，灵巧地抓取虚拟场景中的物体。与其他体感设备不同的是，得益于轻巧且体积小的特点，这些设备对手的识别度很高。

3.2.4　其他支撑技术

　　要想实现理想的沉浸式交互技术，除了需要用到虚拟现实技术、增强现实技术、数据可视化技术以及计算机图形学相关技术之外，也需要其他技术支撑，比如实现高同步的通信技术，解决大量用户同时在线问题的云计算技术，以及用于图像渲染的 GPU 和作为虚拟世界基础架构的算法等，下面将介绍与沉浸式交互技术相关的其他支撑技术。

1. 通信技术：5G

沉浸式交互技术要求高同步、低延迟。其中 5G 是实现高同步和低延迟的核心技术。5G 的三大应用场景如图 3.22 所示。增强移动宽带（enhance Mobile Broadband，eMMB）对 VR 的作用是提高全景视频的分辨率和码率，从而给用户带来更好的观看体验；超可靠低时延通信（ultra Reliable Low Latency Communication，uRLLC）可以通过云游戏技术解决方案提高图像质量，从而减少云游戏技术中的网络延迟；大规模连接（massive Machine Type of Communication，mMTC）即海量机器类通信，主要应用在物联网中，目前的 Wi-Fi 及蓝牙属于在小范围内实现连接的技术，在物联网时代，这种连接技术已经无法满足需求，而 5G 可以实现大规模的连接，为物联网的进一步发展提供技术支持。同时，边缘计算通常被视为元宇宙中的关键基础技术。通过采用靠近数据源头的开放平台，可以直接就近为用户提供最近端的服务，从而帮助终端用户补充本地算力，提高处理效率，并最大限度地降低网络延迟和网络拥塞的风险。

图3.22　5G的三大应用场景

根据独立第三方网络测试机构 Open Signal 的测试数据，4G LTE 端到端时延为 98 毫秒，可满足视频会议、在线课堂等场景的交互需求，但这远不能满足元宇宙对低延迟的严格要求。VR 设备存在的一个主要问题是传输延迟导致的眩晕。5G 带宽和传输速率的提升可以有效改善延迟，减少眩晕感。根据 Thales 的数据，5G 端到端时延可以控制在 1 毫秒以内，不同通信技术下的端到端时延对比如图 3.23 所示。在元宇宙中，大量数据需要快速传输，这就需要强大的通信基础设施。然而由于基站数量的限制，5G 的实际传输速率可能难以达到其设计水平。根据日韩等国对 6G 网络技术的展望，6G 时延有望降低到 5G 的十分之一，传输速率有望达到 5G 的 50 倍。此技术有望真正实现元宇宙中的低延迟。

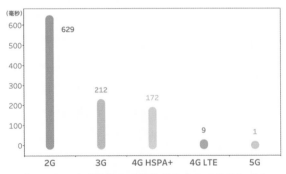

图3.23 不同通信技术下的端到端时延（毫秒）对比

2. 运算技术：云计算

云计算是一种分布式计算，具有强大的计算能力，有望解决大量用户同时在线的问题。元宇宙需要实时监控数据和进行大量计算，使用户可以使用任意设备登录，并随时随地沉浸其中。而单台或几台服务器很难支持元宇宙中的海量计算。通过云强大的计算能力，云游戏可以将渲染等过程转移到云端。与在终端上运行的游戏相比，云游戏大大降低了游戏对终端设备性能的依赖，其快捷的玩法符合元宇宙能随时随地进入的特点。VR 设备需要高性能的 CPU、存储和传输组件来支撑计算，导致设备较重，用户难以长时间佩戴。而随着 VR 设备算力的云化，VR 终端设备有望实现轻量化，降低成本，画面更流畅。

3. 图像渲染：算力

对于虚拟世界的模拟来说，GPU 是主要的计算能力基础硬件，要想获得逼真的虚拟体验，GPU 的算力是必不可少的。截至 2021 年 11 月，在消费 PC 领域，能够量产 GPU 的公司只有 NVIDIA、AMD 和 Intel。其中，Intel 以集成 GPU 为主，AMD 既有集成 GPU 又有独立 GPU，NVIDIA 以独立 GPU 为主。GPU 的硬件结构精巧复杂，这是技术长期演进的结果，并使 GPU 能够支持很多高级的图形处理步骤，包括顶点处理、光栅化、纹理映射等。

4. 基础架构：算法

引擎通过算法定义了虚拟世界中的基本规则和呈现方式。这些规则包括"光影效果""动画系统""物理系统"等。引擎的作用是减少重复开发，降低开发门槛。通常，引擎执行物理模型计算、AI 计算、图像渲染、声音和动画系统渲染等任务。目前市面上较为有名的引擎平台有 Unity 和 Unreal。

3.3 沉浸式交互技术的应用

元宇宙与虚拟现实、可视化技术、图形学技术等密不可分。带给用户高沉浸感是元宇宙的核心功能之一，而这一技术的支撑在于沉浸式交互技术。XR（VR、AR、MR）等设备一方面可以呈现逼真的艺术特效，另一方面可以让用户作为虚拟化身进入虚拟世界，实现手势等各种交互，因此这些设备是元宇宙的入口。硬件及操作系统作为元宇宙的入口，直接决定了用户规模，底层架构决定了元宇宙运行的稳定性，而落地应用则展示了元宇宙的魅力和前景，也是研究这些技术的动机和目的。这一节主要展示各种沉浸式交互技术的落地应用。

3.3.1 数字孪生

"数字孪生"概念首次出现在 2003 年美国密歇根大学 Grieves 教授的产品全生命周期管理课程中。在虚拟空间构建的数字模型与物理实体的交互式映射忠实地描述了物理实体整个生命周期的轨迹。2010 年，Digital Twin（数字孪生）一词在 NASA 的技术报告中被正式提出，并被定义为"集成多个物理量、多个尺度和多个概率的系统或飞行器模拟过程"。

通过查阅众多文献资料，我们总结出在数字孪生中，会先将物理对象转化为数据，再将数据和原理建模，然后由模型中的机理模型和数据驱动模型实现自我学习与动态调整，最后将模型载入软件中，软件将实现对物理对象的描述、诊断、预测、决策等功能。整个过程如图3.24所示。

图3.24　数字孪生定义

数字孪生是在虚拟空间中创建现实事物的数字动态孪生体。借助传感器，可以将本体的运行状态和外部环境数据实时映射到数字孪生体中。其本质是创造了一个数字版的"克隆体"，也称为"数字孪生体"。数字孪生实现了真实物理系统向虚拟空间数字模型的反馈。基于数字模型的各种模拟、分析、数据积累、探索，甚至人工智能的应用，也都适用于真实的物理系统。该技术最初用于工业制造领域，元宇宙需要通过数字孪生来构建具有极其丰富的细节的逼真环境，并创造身临其境的临场体验。

数字孪生可以复制现实世界的物理元素，其最终产品是作为现实世界镜像的"克隆宇宙"，元宇宙则是根据现实或幻觉（如超现实、科幻等）的逻辑对现实世界进行复制和修改，以开放的模式呈现"多元宇宙"。数字孪生与元宇宙的关系如图 3.25 所示。

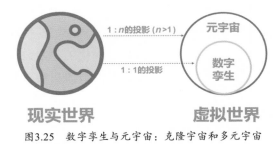

图3.25　数字孪生与元宇宙：克隆宇宙和多元宇宙

1. 数字孪生的特点

数字孪生的特点有很多，各种文献的说法不尽统一。可以把数字孪生的特点总结为互操作性、实时性、可扩展性、保真度和闭环性，如图 3.26 所示。

- 互操作性：数字孪生中的物理对象和数字空间可以双向映射、动态交互和连接。因此，数字孪生具有将物理实体映射到各种数字模型的能力，并且具有在不同数字模型之间相互转换和融合的能力。
- 实时性：因为数字孪生要去再现随着时间轴而变化的物理实体，所以需要以计算机可识别和处理的方式管理数据，即数字化。
- 可扩展性：数字孪生技术具有集成、添加和替换数字模型的能力，并且可以对模型内容进行扩展。

- 保真度：数字孪生要求虚拟物体不仅要保持对实体几何结构的高度模拟，还要在状态、相位和时态方面进行模拟，尽力保证数字虚拟模型与物理实体之间的相似度。

- 闭环性：数字孪生中的数字虚拟体用于描述物理实体的可视化模型和内部机制，从而监控物理实体的状态数据，进行分析推理，优化工艺参数和运行参数，并实现决策功能，即对虚拟体和物理实体使用一个闭环系统。

图3.26 数字孪生的特点示意图

2. 数字孪生的应用场景

目前，数字孪生的应用场景主要面向 B 端用户。近年来，随着与人工智能等新兴技术的融合发展，数字孪生开始广泛应用于航空航天、电力、航运、农业、健康和医疗等领域。特别是在智能制造和智慧城市领域，数字孪生被认为是实现制造信息/城市信息与物理世界交互融合的有效手段。2017 年到 2019 年，数字孪生连续三年入选

Gartner 十大战略性技术趋势。

目前，数字孪生的主要应用领域包括数字化设计、虚拟工厂、设备维护、智慧城市、智慧医疗等（如图 3.27 所示）：

- **数字化设计**：通过数字孪生技术打造产品设计的数字孪生体，在虚拟空间中进行系统仿真，实现反馈设计、迭代创新和持续优化。目前，在汽车、船舶、航空航天、精密装备制造等领域，样机设计、工艺设计、工程设计、数字样机等形式的数字化设计实践已经普遍开展。

- **虚拟工厂**：虚拟工厂是指基于数字孪生技术与 MES 的结合，在虚拟空间中构建的数字虚拟车间和数字工厂，可实现物理实体与数字虚拟实体的动态数据交互，根据虚拟空间的变化实时对生产进行预测。

- **设备维护**：开发、设计设备数字孪生体并与物理实体同步交互，实现设备生命周期的数字化管理。

- **智慧城市**：构建城市的数字孪生体，以定量和定性相结合的形式，在数字世界中模拟天气环境、基础设施、人口、土地、工业交通等要素的交互运行，绘制"城市肖像"，帮助决策者在物理世界完善城市规划。

- **智慧医疗**：数字孪生与医疗服务相结合，实现对人体运行机理和医疗设备的动态监测、仿真和模拟，加速科研创新向临床转化，提高医疗诊断效率，优化对医疗设备质量的控制和监督。

图3.27　数字孪生应用领域

3.3.2　其他应用

　　沉浸式交互技术目前应用比较多，除了数字孪生以外，这里也介绍几个常见的应用，如全息投影沙盘、沉浸式互动体验室、全息透明屏以及全息直播等，如图 3.28 所示。

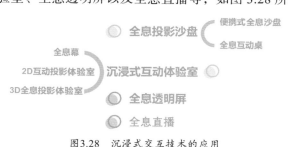

图3.28　沉浸式交互技术的应用

1. 全息投影沙盘

　　全息投影沙盘常见的有便携式全息沙盘和全息互动桌。

　　便携式全息沙盘可以实现桌面浮动 3D 沙盘形象，支持空中手势交互操作、多种三维格式文件导入编辑等。用户可以真正触摸到天空中的 3D 虚拟影像，它比其他传统全息产品有更强的"真实"体验感，并且支持外接显示屏。用户仅需佩戴轻便的全息 3D 眼镜，即可同步投屏桌面影像内容，如图 3.29 所示。

图3.29　便携式全息沙盘

图片来源：微光视界

全息互动桌采用 4K 高清投影，投影设备常常安装在天花板上。它从上到下投影 3D 图像，不会挡住后方，并可搭配大屏幕，同时投影与互动，精确显示不同位置的三维视角影像。其他功能与便携式全息沙盘相同，该设备更适合在固定场地应用，如图 3.30 所示。

2. 沉浸式互动体验室

沉浸式互动体验室包括全息幕、2D 互动投影体验室和 3D 全息投影体验室。全息幕利用墙体 3D 投影和空间跟踪定位技术，用户可以戴着全息 3D 眼镜在空间中自由移动，观看从不同位置和角度跳出墙体的 3D 影像，结合手势、手柄等交互功能进行虚拟互动体验，如图 3.31 所示。

图3.30　全息互动桌

图片来源：微光视界

图3.31　全息幕概念图

图片来源：微光视界

　　2D互动投影体验室采用的方法不一样。互动投影通过捕捉设备（感应器）对目标影像（如参与者）进行捕捉拍摄，然后由影像分析系统分析，从而生成被捕捉物体的动作，这些动作数据结合实时影像互动系统，使参与者与屏幕之间产生紧密结合的互动效果。2D 互动投影体验室是由多块投影屏幕无缝拼接打造的环绕式沉浸式第一人称模拟体验空间，支持手柄、手势等人机交互方式，如图 3.32 所示。

图3.32　沉浸式互动投影体验室（2D沉浸式）效果图

图片来源：快点看报

3D 全息投影体验室采用的是全息投影技术，比 2D 互动投影体验室带来的沉浸感更强。全息投影技术是利用干涉、衍射等原理记录并再现物体真实的三维图像的虚拟成像技术：利用干涉原理记录物体的光波信息，再利用衍射原理再现物体的光波信息，从而得到与原物几乎完全相同的立体影像。3D 全息投影体验室可以提供大型沉浸式的全息 3D 交互体验，由 4 面 3D 影像拼接，从而实现现场 3D 立体影像，增强逼真的现场沉浸式体验，如图 3.33 所示。

3. 全息透明屏

全息透明屏实现了空中裸眼 3D 影像播放，营造了虚实结合的显示环境，并可添加手势、语音、触摸屏等多种虚拟交互功能，提升显示和交互体验。透明屏上的特殊光学材料可以反射投影设备影像，将投影的 3D 影像呈现在透明显示屏上，未显示影像区域为透明玻璃效果，可透视后方真实环境，从而展现裸眼 3D、虚实结合的立体影像效果，并且可以满足多人裸眼 3D 观看、互动的需求，如图 3.34 所示。

图3.33 3D全息投影体验室效果图

图片来源：微光视界

图3.34 博物馆全息透明屏

图片来源：微光视界

4. 全息直播

全息直播是直播的一种新方式和发展方向。通过全息投影技术，观众可以看到清晰、立体、逼真的直播画面，感受"身临其境"的直播互动体验。它采用广播级 4K 超高清制播系统，操作简易智能，结合绿幕系统、实时 GPU 抠像功能、全息透明屏，将全息人像实时处理并传输至展示现场，如图 3.35 所示，并且提供虚拟场景编辑器，用户可以创建自己的虚拟场景背景，结合 5G 低延迟的特点，实现更流畅的全息直播互动体验。

图3.35 全息直播

图片来源：视野文化

参考文献

[1] 胡师姐新传考研. 鲍德里亚：拟像理论 | 新传理论 55[EB/OL]. 知乎, (2019-09-07)[2022-01-28]. https://zhuanlan.zhihu.com/p.

[2] HSU W, ZHANG Y, Ma K. A Multi-Criteria Approach to Camera Motion Design for Volume Data Animation[J]. IEEE

Trans. Vis. Comput. Graph, 2013, 19(12): 2792-2801.

[3] YU H, WANG C, GROUT R, et al. In Situ Visualization for Large-Scale Combustion Simulations[J]. IEEE Computer Graphics and Applications, 2010, 30(3): 45-57.

[4] LI W, MUELLER K, KAUFMAN A. Empty Space Skipping and Occlusion Clipping for Texture-based Volume Rendering [J]. IEEE Visualization, 2003:317-324.

[5] MA K,MUELDER C. Large-Scale Graph Visualization and Analytics [J]. IEEE Computer, 2013, 46: 39-46.

[6] HOLTEN D, WIJK J. Force-Directed Edge Bundling for Graph Visualization [J], Comput. Graph. Forum, 2009, 28(3): 983-990.

[7] LIU D, CUI W, JIN K, et al. DeepTracker: Visualizing the Training Process of Convolutional Neural Networks [J]. ACM Trans. Intell. Syst. Technol, 2019, 10(1): 6:1-6:25.

[8] COELHO D, CHASE I, MUELLER K. PeckVis: A Visual Analytics Tool to Analyze Dominance Hierarchies in Small Groups [J]. IEEE Trans. on Visualization and Computer Graphics, 2020, 26(4):1650-1660.

[9] CHENG S,XU W, MUELLER K. ColorMapND: A Data-Driven Approach and Tool for Mapping Multivariate Data to Color [J]. IEEE Trans. Vis. Comput. Graph, 2019, 25(2): 1361-1377.

[10] ZELENYUK A, IMRE D, WILSON J, et al. Airborne Single Particle Mass Spectrometers (SPLAT II &miniSPLAT) and New Software for Data Visualization and Analysis in a Geo-Spatial Context [J]. Journal of The American Society for Mass Spectrometry, 2015:1-14.

[11] CHEN Q, CHEN Y, LIU D, et al. PeakVizor: Visual Analytics of Peaks in Video Clickstreams from Massive Open Online Courses [J]. IEEE Trans. Vis. Comput. Graph, 2016, 22(10): 2315-2330.

04
第4章

元宇宙与区块链

　　拥有内在的经济体系是元宇宙的特性之一。完善的经济体系是元宇宙世界内创作者经济得以顺利运行的保障，也是能够实现元宇宙内参与者共创、共治及共享理念的核心驱动力。以区块链技术为载体的数字货币体系通过智能合约和去中心化结算平台，保障了经济系统的稳定透明，进而支持元宇宙的正常运行，实现整个数字世界的价值转移。本章将系统地介绍区块链的概念、原理、应用以及数字货币的种类、特点，以此来展示一个数字世界内经济系统的样貌。

4.1 区块链

区块链是过去几年中极为热门的技术之一。数字货币是使用区块链技术存储的独特且不可互换的数据单元，可将现实世界的价值分配给数字对象。区块链在现实生活中的应用也在稳步增长。在德勤最近的调查中，76%的受访者认为，基于区块链的数字货币等数字资产可能是法定货币的有力替代品，甚至会在未来十年内取代它们。然而，直到现在，与区块链、数字货币和加密相关的讨论都围绕着现实世界的投资和货币交易展开。Facebook推出的元宇宙改变了这一点。在Facebook宣布更名为Meta后，用于在元宇宙中交易的MANA等加密货币的价格上涨了约400%。从长远来看，这意味着什么？区块链如何融入Facebook的元宇宙计划以及全球元宇宙？要回答这些问题，我们首先要了解什么是区块链，什么是数字货币，以及它们有哪些应用。

4.1.1 区块链的概念和原理

区块链（blockchain）是一个串联的文本记录。区块链中每个区块都包含前一个区块的加密哈希（hash）值、对应的时间戳和交易数据。区块链的目标是实现一个分布式的数据记录账本，利用数字摘要对之前的交易历史进行校验，并且交易历史不允许删除，可以永久检查。某个区块里的交易是否合法，可通过计算哈希值的方式进行快速检验。可以在网络中的节点上添加一个新的区块，但必须经过共识机制对区块达成确认。区块链技术是一种通过去中心化、去信任的方式由参与者集体维护一个数据库（账本）的方案，传统的记账方式是由一人来记账，而区块链技术让系统中的每一个人都有机会竞争参与记账。如果发现任何数据不统一，系统会将这段时间内记账最快最好的人的记录写到账本中，并将账本内容同步给系统内的所有人进行备份。这样系统中的每个人就都有了一份完整的账本。

要理解区块链技术，我们先介绍几个相关概念。

1. 相关概念

（1）哈希函数

哈希函数（hash function）是一种可以将任意长度的消息压缩到某一固定长度的消息摘要的函数，它可以将数据以固定长度字符串的形式保存下来。哈希函数具有高度的安全性，在互联网中，它允许用户安全地发送消息。它是目前市场上加密货币的一部分。

由于哈希函数可以将任意长度的数据转换为固定长度，且最后输出的哈希值比输入的数据要小得多，因此哈希函数有时也称为压缩函数（compression function）。一般情况下哈希函数会生成 160～512 位之间的哈希值。

哈希函数应该是无冲突的，这意味着几乎很难遇到随机输入两个不同长度的数据却得到了相同哈希值的情况。但是当数据量足够大时，对于不同的数据 x 和 y，极有可能出现 $h(x) = h(y)$ 的情况，而这种情况称为哈希冲突。如果发生了哈希冲突，那么数据的安全将受到极大的威胁。

哈希函数是实现哈希算法的核心，要获得哈希值，则要输入不同长度的数据，这些数据通常称为数据块。哈希算法通常以固定长度的块来处理数据中的信息，数据块的大小根据不同的算法而不同，但是对于特定的算法，它的长度保持不变。例如，算法 SHA-1 仅接收 512 位的数据，因此，如果输入数据的长度正好是 512 位，那么哈希函数仅需要运行一次。而如果数据是 1024 位的，它将会被分成两个 512 位的数据块，并运行两次哈希函数。但现实情况是，输入的数据不可能刚好是 512 的倍数。所以，输入的数据会依据密码学中的填充技术被分为固定大小的数据块，哈希函数重复的次数与数据块的数量一样多。如图 4.1 所示，哈希函数一次处理一个数据块，最终输出的是所有数据块的组合值，如果在任何位置更改一位数据，则整个哈希值都会更改。

（2）区块

区块一般包含区块头和区块体，区块头一般由父区块的哈希值、时间戳、墨克树（也称为哈希树）等组成（见图 4.2）。哈希值能唯一标识区块，哈希值和区块高度可以用来区分不同的区块。将区块头中的哈希指针（哈希指针

是一个指向数据存储位置及其位置数据的哈希值的指针）
连接成一条链，这就是我们所说的区块链了。

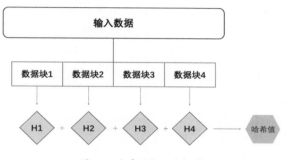

图4.1　哈希函数运行机制

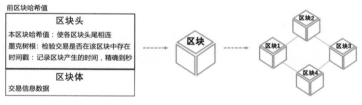

图4.2　区块结构

（3）墨克树/哈希树

哈希树是密码学及计算机科学中的一种树形数据结构。
通过哈希树，可以更有效且更安全地对区块链数据进行编
码。瑞夫·查尔斯·墨克（Ralph Charles Merkle）于 1979
年申请了哈希树的专利，所以哈希树也称为墨克树[⊖]。

图 4.3 展示了一棵二叉哈希树，其底层为交易数据层，
交易数据经过哈希函数的运算生成了叶子层哈希。中间的

⊖　参见维基百科，网址为 https://en. wikipedia. org/wiki/Merkle_tree。

哈希值属于分支层，而顶部的哈希称为根哈希。哈希树结构由各种数据块的哈希值组成，它允许用户在不下载整个区块链的情况下验证个人交易。哈希树的计算方式是自下而上的——重复计算节点上成对的哈希值，直到剩下一个根哈希，因此，哈希树需要偶数个叶子层节点，如果交易数量为奇数个，则需要将最后一个哈希值复制一次，以创建出偶数个叶子层节点来完成计算。

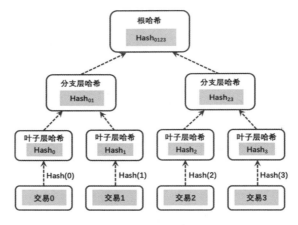

图4.3 二叉哈希树

（4）区块链

区块链是在计算机网络的节点之间共享的分布式数据库。作为数据库，区块链以数字格式和电子方式存储信息。区块链以其在比特币等加密货币系统中的关键作用而闻名，用于维护安全和处理分散的交易记录。区块链以创新的方式保证了数据记录的保真性和安全性。

典型数据库和区块链之间的一个关键区别是数据的结

构。区块链以组的形式（称为块）收集信息，其中包含信息集。块具有一定的存储容量，在填充时会关闭并链接到先前填充的块，形成称为区块链的数据链。新添加的块之后的所有新信息都被编译成一个新形成的块，一旦填充，该块也将被添加到链中。

数据库通常将数据构造成表格，而区块链就是将数据构造成串在一起的块。当以分散的性质实施时，这种数据结构固有地形成了不可逆转的数据时间线。当一个块被填满时，它就被固定下来并成为这个时间线的一部分。链中的每个块在添加到链中时都会被赋予一个准确的时间戳。

（5）矿工

矿工通过称为挖矿的过程在链上创建新块。在区块链中，每个区块都有自己独特的随机数和哈希值，而且还引用了链中前一个区块的哈希值，因此挖掘一个区块并不容易，尤其是在大型链上。矿工使用特殊软件来解决极其复杂的数学问题，即找到一个生成可接受哈希值的随机数。因为 nonce（nonce 是一个只能在加密通信使用一次的数值）只有 32 位，而哈希值是 256 位，所以在找到正确的组合之前，必须挖掘大约 40 亿个可能的 nonce-hash 组合。

如果要对链中较早的任何块进行更改，不仅需要重新挖掘更改的块，还需要重新挖掘之后的所有块。当一个区块被成功开采时，网络上的所有节点都会接受更改，并且矿工会获得经济奖励。

（6）节点

节点可以是维护区块链副本并保持网络正常运行的任何类型的电子设备。

每个节点都有自己的区块链副本，网络必须通过算法批准新开采的区块，才能更新、信任和验证链。由于区块链是透明的，因此账本中的每一个动作都可以很容易地检查。每个参与者都有一个唯一的字母数字标识号，用于显示交易。

（7）智能合约

"智能合约"一词具有一定的误导性，它既不是"智能"的，也不是通常被解释为法律文件的"合同"。智能合约是密码学研究员 Nick Szabo 在 1994 年首次引入的一个术语，指由开发人员编写并部署到区块链上的脚本或软件代码。它通常被编写为由事件触发的事务指令。例如，如果货物在某日期之前到达客户的仓库，则向供应商付款。这样，公司可以自动更新发货记录和收据，消除了管理耗时且成本高昂的手动业务流程。

智能合约是一种数字程序，可以自动执行业务逻辑、义务和协议。智能合约几乎可以用来表示任何东西——电子仓单、债券、发票、电力单位、货币单位、期货合约、风险分担等。这些加密且独特的资产可以由网络上的用户实时创建、交易和结算。每个智能合约都可以编写为包含几乎任何类型的业务逻辑，该业务逻辑可以根据协议的条款和条件自动执行。

当输入发生时，合约通过执行合约逻辑规定的任何类型的义务或条件来做出响应。例如，GPS 坐标显示船舶到达了正确的港口，向卖家付款的智能合约就会自动触发。输入某种商品的当前价格可能会触发智能合约出售该商品。买方在发票上的签名可以产生付款义务，该付款义务在满足其他条件时在指定日期自动执行。自动售货机可以在补货完成后根据已存货的库存向补货的无人机付款。法院备案系统收到违约事件的处理申请后，抵押品将转移给债权人。

如前所述，智能合约通常不是法律协议，但是它可以根据双方之间的协议执行条款。此外，由于法律协议倾向于遵循类似于代码的 if-this-then-that 等逻辑格式，在某种程序上纸质法律协议也可以被自动执行合同条款的基于计算机的程序所取代。因此，智能合约在区块链模型运营中发挥着重要作用。具体而言，可以通过使用自动化规则、嵌入式智能合约来自动化各方之间的流程，从而以快速、清晰和高效的方式实现各方的合同意图。

2. 工作原理

我们现在已经了解了区块链的概念，那么区块链是如何工作的呢？下面以比特币系统为例，解释区块链（也称为分布式账本技术）的工作原理。

比特币的买卖被输入并传输到功能强大的计算机网络中，这个由全球数千个节点组成的网络竞相使用计算机算法来确认交易，这被称为比特币挖矿。第一个成功完成一个新区块的矿工因其工作而获得比特币奖励。这些奖励是通过新铸造的比特币和网络费用的组合支付的，这些费用将传递给买卖双方。费用可能会根据交易量而上升或下降。购买行为被加密确认后，销售行为被添加到分布式账本上的一个块中。然后，该网络中的大多数人必须确认销售。该区块使用称为哈希的加密指纹永久链接到所有先前的比特币交易区块，并处理销售行为。

为更好地理解区块链技术，浙大院士陈纯举了一个简单的例子。假设张三有一天借给了李四 1000 元钱，并通知了所有人，于是大家在自己的账本上记录了这件事，如果李四想赖账，大家就可以站出来拿出账本集体声讨李四，并且不需要其他机构介入。这时，一个去中心化的系统就建立起来了，其中的账本就是区块，把账本连起来，就是区块链。如果有个眼疾手快的王二在自己的账本中率先记录下了"某天张三借给了李四 1000 元钱"，并且向大家宣布这件事已经记录下来了，大家不要再记录了，那么大家可以验证王二记录得对不对，如果没问题，大家会得到相同并且实时更新的账本，王二也会获得一个金币作为奖励，并且这个金币有唯一的编号，方便查询。这个金币就是区块链产生的有价值的虚拟货币。

图 4.4 展示了区块链上的一个完整的交易过程。当一笔交易被发起后，该交易就会通过 P2P 网络进行传播，矿工会对交易的真实性进行验证。随后，经过验证的交易会被记录在区块中，且该交易被记入账本，即新的区块被加入现存的区块链中。此时，加密货币会进入交易者账户，交易完成。

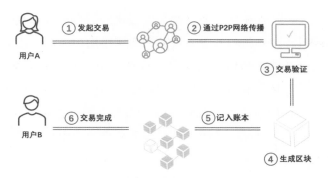

图4.4 区块链交易原理

4.1.2 区块链的特点

以上介绍了区块链的基本概念以及工作原理，接下来我们讨论区块链的特点（见图 4.5）。

图4.5 区块链的七大特点

1. 去中心化

去中心化可以说是区块链最基本的特征了，它实现了数据的分布式记录、存储和更新，并且区块链网络里面的节点都可以进行记账，这样可以不再依赖于中心化机构，避免中心化运作的弊端。

大家日常在网上购物就是中心化的运作模式。我们在购物过程中支付的钱没有直接到卖家手中，而是由像支付宝这样的机构暂时进行保管。这样确实方便了我们交易，避免了不必要的纠纷，但是同样也面临一些弊端，比如一旦支付宝的服务器遭受攻击或者毁坏，我们的账户记录、交易记录就可能会被销毁，变得无从查询，账户中的资金也无法追回，这将会造成无法估计的损失。另外，个人信息一旦被泄露，也可能会对个人和社会造成无法估量的损失。除此之外，在一些特殊情况下，个人账户的资金可能面临被冻结或者管控的情况。这些都是中心化运作模式的弊端。

与中心化运作模式不同，由区块链技术支撑的去中心化运作模式更为简单和便捷，它可以实现买家和卖家直接交易，而无须通过任何第三方支付平台，同时也不需要担心自己的信息被泄露，并且当交易数据过多时，去中心化的处理方式还会节约很多资源，使整个交易更自主和简单，并且没有被中心控制的风险。

2. 全球流通

目前，世界上还没有哪一个国家发行的货币可以实现全球流通，但是，基于区块链技术的虚拟货币可以实现在全球各个地方自由交易。因为区块链技术是基于互联网的，所以只要有网络，我们就可以进行区块链资产的交易和流通，并且转账速度极快，通常 1 小时内即可到账，另外相较于中心化的转账方式，基于区块链技术的资产转账手续费极低。

3. 匿名性

匿名性也是区块链在应用过程中所显现的最基本的特性之一。区块链不是以个人身份信息进行交易流转的，而是基于算法实现了按地址来寻址。这样，别人就无法得知你的真实身份、你在区块链中的资产有多少、你曾经和哪些人做过哪些交易，等等。在区块链网络上，我们只能查到转账记录，并不知道转账双方的地址背后究竟是谁。但是，一旦我们知道这个地址背后对应的人是谁，也就能查到其所有相关的转账记录和资产情况。

4. 公开透明

区块链中的交易，除了交易双方的个人信息、私有信息被加密且不可公开外，其他交易数据都是公开透明的。也就是说，任何参与的人都可以查询区块链的数据记录或者开发相关的应用。区块链的数据记录和运行规则完全可以被审查和追溯，因此具有较高的公开透明度，这也是区块链系统值得信任的基础。

5. 不可篡改

区块链系统中的信息具有不可篡改性，也就是说，一旦区块链系统的信息被验证并添加至区块，就会被永久存储，且无法更改。但是有两种特殊情况：一是具备特殊更改需求的私有区块链可以更改；二是能够同时控制系统中超过 51% 的节点，可同时更改这 51% 的节点，否则单个节点对数据库的修改是无效的。因此，可以说区块链的数据稳定性和可靠性极高。

6. 可追溯性

区块链系统具有可追溯性，这主要是因为它的机制设定后面区块必须拥有前面区块的哈希值。也就是说，后面的区块只有识别了前面区块的哈希值才能和前面的区块链接上，从而形成一整条完整可追溯的区块链。区块链的可追溯性有一个很大的优点，就是便于查询数据。因为每个区块都是有唯一标识的，比如说我们要在区块链中查询一条记录，就可以以时间节点来判断该时间段的区块，之后再去寻址，这样就方便多了。

7. 自治性

区块链系统的自治性体现在它采用了基于协商一致的规范和协议，比如一套公开透明的算法，这使得整个系统中的所有区块和节点都能够在可信任的环境中自由安全地交换数据。这样完全由机器去运行和监督，可以减少人为干预。

4.1.3 区块链的应用

基于以上几个特点，区块链具有传统中心运作模式无法实现的特点，目前，已经越来越多地被应用于各种场景（见图 4.6），以实现价值的自由传递，尤其在数字货币、金融资产的交易结算、数字政务、存证防伪数据服务等领域具有广阔前景。

图4.6　区块链的应用

1. 金融领域

（1）交易

过去几年涌现出许多提供去中心化加密货币交易服务的公司。使用区块链汇款可以比使用现有的汇款服务更便宜、更快。在跨境交易中尤其如此，目前这种交易通常缓慢且昂贵。即使在现代金融体系中，进行跨境资金转移也可能需要几天时间，而通过区块链交易只需要几分钟。

此外，去中心化交易不需要投资者将资产存放在中心化机构中，这意味着他们可以拥有更大的控制权。

（2）借贷

贷方可以使用区块链通过智能合约执行抵押贷款。建立在区块链上的智能合约允许某些事件自动触发服务支付、追加保证金、全额偿还贷款和释放抵押品等操作。因此，可以让贷款处理速度更快，成本更低，贷方也可以提供更好的利率。

（3）保险

在区块链上使用智能合约可以为客户和保险提供商提供更大的透明度。在区块链上记录所有索赔可以防止客户对同一事件重复提出索赔。此外，使用智能合约可以加快索赔人接收付款的过程。

（4）NFT（非同质化代币）

NFT 通常被认为是拥有数字艺术权利的方式。由于区块链阻止数据存在于两个地方，因此在区块链上放置 NFT 可以保证仅存在一件数字艺术的副本。NFT 可以使数字艺术资产也能像现实艺术资产一样进行交易或投资，并且解决了现实艺术品的保存和维护难的问题。

NFT 可以有不同的应用，从根本上讲，它是一种传达任何可以用数据表示的东西的所有权的方式。这些东西可能是房屋契约、视频的广播权或活动门票。

2. 房地产领域

验证和转移所有权

房地产交易中需要进行大量文书工作来验证财务信息和所有权，然后将所有权转让给新的所有者。使用区块链技术记录房地产交易可以提供一种更安全、更易于访问的方式来验证和转移所有权。这可以加快交易速度，减少文书工作并节省资金。

3. 信息安全领域

网络信息安全

将你的身份识别号码、出生日期和其他识别信息等数据保存在公共分类账（例如区块链）上可能比保存在当前更容易受到黑客攻击的系统中更安全。区块链技术可用于保护对识别信息的访问，同时改善旅游、医疗保健、金融和教育等行业中需要使用它的人的访问体验。

4. 政务领域

（1）投票选举

如果把个人身份信息保存在区块链上，那么我们距离使用区块链技术投票就只有一步之遥。使用区块链技术能确保没有人可以重复投票，只有符合条件的选民才能投票，并且选票不能被篡改。更重要的是，它可以让投票变得像在智能手机上按几个按钮一样简单。这样，举行选举的成本将大大降低。

（2）政府福利

存储在区块链上的数字身份的另一种用途是管理政府福利，例如福利计划、社会保障和医疗保险。使用区块链技术可以减少欺诈和降低运营成本。同时，受益人可以通过区块链上的数字支付更快地收到资金。

5. 健康领域

医疗信息共享

将医疗记录保存在区块链上可以让医生和医疗专业人员获得患者的准确和最新信息，这可以确保患者得到最好的护理。它还可以加快提取病历的速度，在某些情况下可以使患者更及时地得到治疗。而且，如果数据库中保存有保险信息，那么医生可以轻松验证患者是否有保险以及他们的治疗费用是否得到保障。

6. 文娱领域

艺术品版权

使用区块链技术跟踪在互联网上分发的音乐和电影文件可以确保艺术家获得其作品带来的报酬。由于区块链技术的发明是为了确保同一个文件不会保存在多个地方，因此可以用来帮助减少盗版。更重要的是，使用区块链跟踪流媒体服务的播放和使用智能合约处理支付可以提供更高的透明度，并确保艺术家收到他们应得的报酬。

7. 物联网领域

（1）物流和供应链跟踪

使用区块链技术在物流或供应链网络中对物品进行跟踪有多种优势。首先，它为合作伙伴之间的通信提供了更大的便利，因为数据可以在安全的公共分类账上获得。其次，它提供了更高的安全性和数据完整性，因为区块链上的数据无法更改。这意味着物流和供应链合作伙伴可以更轻松地合作。

（2）网络安全

物联网（IoT）让我们的生活变得更轻松，但它也为不法分子访问我们的数据或控制重要系统打开了大门。通过将密码和其他数据存储在去中心化网络而不是集中式服务器上，区块链技术可以提供更高的安全性。此外，它还提供防止数据篡改的保护功能，因为区块链实际上是不可变的。

8. 数据领域

数据存储

在数据存储解决方案中加入区块链技术可以提供更高的安全性。由于数据可以以分散的方式存储，因此更难被入侵和清除，而集中式数据存储提供商可能只有几个冗余点。在某些情况下，使用区块链进行数据存储也可能更便宜。

4.1.4 区块链的发展

2008 年 10 月 31 日，中本聪向一个邮件列表的所有成员发送了一封标题为"比特币：点对点电子现金系统"（Bitcoin: A Peer-to-Peer Electronic Cash System）的电子邮件。这封邮件有着非比寻常的意义，它标志着区块链时代的到来。此后，经过十几年的发展，区块链技术给世界政治、经济、文化甚至教育都带来了巨大影响。区块链科学研究所（Institute for Blockchain Studies）创始人梅兰妮·斯万曾根据区块链的发展脉络将区块链的发展阶段分为区块链 1.0 时代、区块链 2.0 时代和区块链 3.0 时代。沿着这条脉络，我们可以清晰地看到区块链的过去、现在与未来。

2009 年 1 月 3 日，中本聪在互联网上生成了第一个比特币区块，即比特币创世区块（Genesis Block），这标志着区块链 1.0 时代的到来。这个时期的区块链技术的发展及应用普遍集中在货币的转移、兑换和支付等方面。也就是说，帮助人们实现货币和支付的去中心化。之后，中本聪和几个开发者继续在网上交流想法，开发、迭代比特币区块。但是，随着区块逐渐成熟，其活动也开始减少，比特币系统逐渐进入自运转状态。2010 年 7 月，由 Jed McCaleb 创立的比特币交易所 Mt.Gox 在日本东京都涩谷区成立，随后，新用户暴增，价格上涨。2011 年 11 月后，中本聪不再出现。他成了一个匿名的传奇，没人知道他是谁，他只留下了自己的创造。2011 年 2 月，比特币价格首次达到 1 美元，此后，比特币与英镑、巴西雷亚尔、波兰兹罗提等现实货币可相互兑换的交易平台开始运行。2012 年，瑞波（Ripple）发布，其作为数字货币，利用区块链转移各国外汇。2013 年，比特币暴涨。美国财政部发布了关于虚拟货币的管理条例，首次阐释了虚拟货币的适用范围。

2014 年，"区块链 2.0"成为一个关于去中心化区块链数据库的术语。得益于开源的程序环境及智能合约的应用，区块链在这个时期得到了快速发展。它的应用范围延伸至期货、债券、对冲基金、私募股权、股票、年金、众筹、期权等金融衍生品。此外，随着公证文件、知识产权文件、资产所有权文件等电子化的进程与区块链的结合，有形或无形的资产在区块链上都找到了可能的运行环境。2016 年 1 月 20 日，中国人民银行数字货币研讨会宣布对数字货币的研究取得阶段性成果。会议肯定了数字货币在降低传统货币发行等方面的价值，并表示央行在探索发行数字

货币。2016 年 12 月 20 日，中国 FinTech 数字货币联盟及
FinTech 研究院正式筹建 。

区块链 3.0 时代将是区块链全面应用于生活中方方面
面的时代。它将互联网从单纯传递信息推向了不仅传递信
息，更能传递价值的时代。区块链 3.0 将协助人们构建一
个大规模的协作社会，联通金融、经济、政府、健康、科
学、文化和艺术等领域。

可以通过图 4.7 再回顾一下区块链的发展历程。

图4.7 区块链的发展历程

4.1.5 区块链与数字货币

数字货币可以说是区块链中最重要也是最广泛的应用。
近年来，数字货币发展势头迅猛，截止到 2020 年年底，全
球共有超过 8000 种数字货币，总市值超过 8600 亿美元，
在世界各国 2019 年 GDP 排名中排第 18 位。其中，市场份
额排名第一的比特币供应量（即已经挖出的比特币数量）已
经超过 1800 万枚，总市值已突破 5000 亿美元。基于区块
链技术的数字货币正逐步成为现代数字社会的重要基础。
关于数字货币，我们将在下一节详细说明。

4.2 数字货币

数字货币正在改变我们的货币体系。自 2009 年推出第一个加密货币——比特币以来，数字货币的迅猛发展已向传统支付工具和金融合约提出了挑战。比特币、以太坊和其他数千种加密货币的兴起促使全球中央银行积极参与中央银行数字货币（CBDC）的研究和测试。本节将对数字货币进行介绍，内容包括数字货币的概念、种类以及特点。

4.2.1 数字货币的概念

自 2009 年 1 月 3 日中本聪在互联网上生成第一个比特币——创世区块以来，数字货币迅速发展，并引发了全球范围的关注。根据维基百科的定义，数字货币（digital currency）是指在数字计算机系统与互联网上管理、存储与交易的货币或相关资产，是电子货币形式的替代货币，是虚拟货币的一种。但不同于传统虚拟世界中的虚拟货币，它的价值得到了肯定，这使它能用于真实的商品和服务交易，而不局限在网络游戏中。早期的数字货币（数字黄金货币）是一种以黄金重量命名的电子货币。现在的数字货币，比如比特币、莱特币和点点币，是依靠校验和密码技术来创建、发行和流通的电子货币，这种货币基于特定的算法得出，发行量有限且被加密以保证安全。其特点是运用 P2P 对等网络技术来发行、管理和流通，理论上避免了

官方机构的审批，让每个人都有权发行货币。目前，世界
各国基本都已对此展开了研究，并讨论未来发行的可能性，
或者已经开展发行测试工作。其中，中国人民银行是世界
上第一家表示要发行数字货币的官方机构。

4.2.2 数字货币的种类

截至目前，全球公认的数字货币主要分为三类（见
图 4.8）：一是以比特币为代表的加密货币；二是以 Libra
或 Diem 为代表的稳定币（stablecoin）；三是以中国人民银
行的数字货币（e-CNY）为代表的央行数字货币（Central
Bank Digital Currency，CBDC）。接下来，我们将详细介绍
这三种货币。

图4.8 数字货币的种类

加密货币（cryptocurrency）是指使用密码学原理来确
保交易安全以及控制单位创造的交易媒介（维基百科）。其
中，比特币是最早产生且最具代表性的加密货币。研究加
密货币的学者 Jan Lansky 曾在其文章中提到，加密货币是
满足以下六个条件的系统。

- 该系统无须中心机构,其状态通过分布式的共识机制得以维持。
- 该系统能对加密货币及其所有权进行记录。
- 该系统定义能否产生新的加密货币。如果可以,则系统需要定义新币的来源,并定义如何确定这些新币的所有者。
- 该系统只能通过密码学的方式来证明加密货币的所有权。
- 该系统允许通过交易来改变加密货币的所有权。
- 交易仅可从能证明加密货币当前所有权的实体发布,如果同一时间产生了两个改变相同加密货币所有权的指令,那么该系统只能执行其中一个。

2018 年 3 月,加密货币一词被加入韦氏词典中,其定义是:任何只在数码领域出现的货币,通常不由中央机构或监管机关发行,而是使用去中心化系统去记录交易,以及管理新的货币供应,并且依赖密码学避免虚假和欺诈交易。

比特币是全球范围内率先采用密码学算法与区块链技术来创设的数字货币。如今,当人们提到数字货币时,首先想到的就是比特币。维基百科定义比特币为一种基于去中心化,采用点对点网络与共识主动性,开放原始码,以区块链作为底层技术的加密货币。目前公认货币应具有交易媒介、记账单位、价值储藏三种基本职能,而比特币的价值波动极大,不具有记账单位和价值储藏的基本职能,因此,很多学者认为比特币是一种虚拟商品,而非真实可交易的货币。比特币可以通过交易或者挖矿来获得，为避免通货膨胀，比特币协定数量上限为 2100 万个。与现金支付相比，比特币有不可替代的优势，它以私钥作为数字签名，可由个人直接支付给他人而无须经过如银行、清算中心、电子支付平台等第三方机构，因此可以免去烦琐的转账汇款流程以及高额的手续费。比特币的出现挑战了现行的货币制度和银行制度，只要有网络，比特币就可以在国际间交易。

稳定币是一种通过与法定货币、主流数字货币、大宗商品等财产锚定，或通过第三方主体调控货币供应量的方式，实现货币价格相对稳定的区块链数字货币。国盛证券研究所的研究报告指出：稳定币可分为链下资产支持型稳定币（off-chain-backed stablecoin）、链上资产支持型稳定币（on-chain-backed stablecoin）以及算法型稳定币（algorithmic stablecoin），如图 4.9 所示。链下资产支持型稳定币即有法定货币、黄金或其他质押商品等资产作为支持的稳定币。中心实体以其所持有的资产作为抵押为稳定币的发行和赎回进行担保，这类稳定币包括 USDT、TUSD、GUSD、PAX 等。链上资产支持型稳定币是指支持稳定币的抵押品本身就是一种加密货币。区块链用户将持有的加密货币等数字资产进行抵押，根据所抵押资产的价值发行一定数量的稳定币，这类稳定币包括 DAI、STEEM、Alchemint 等。算法型稳定币是指该类稳定币没有任何外部抵押品为其提供担保，其价值是基于一个算法来维持的，这类稳定币包括 Terra、Ampleforth、Basis、Carbon 等。相较于加密货币，稳定货币的价值波动性小，相对稳定，在行情下跌的过程中还有避险功能，可应用于汇款、价值储存、交换媒介、记账单位、衍生品等多个领域。

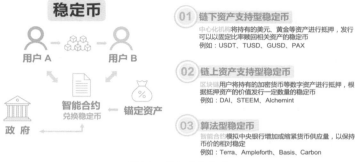

图4.9 稳定币的分类

至于**央行数字货币**（Central Bank Digital Currencies，CBDC），英国央行英格兰银行在其关于CBDC的研究报告中给出这样的定义：中央银行数字货币是中央银行货币的电子形式，家庭和企业都可以使用它来进行付款和储值。中国版CBDC被描述为数字人民币，是由中国人民银行发行，由指定运营机构参与运营并向公众兑换，以广义账户体系为基础，支持银行账户松耦合功能，与纸钞和硬币等价，并具有价值特征和法偿性的可控匿名的支付工具。简单来说，央行数字货币就是由一国中央银行发行的数字货币，这种货币使用电子形式的货币代替纸币，因此数字货币与现有货币的币值比是1∶1。央行数字货币可以直接由央行创设并发行给企业或家庭，而不需要通过商业银行体系作为媒介，因此在某些程度上与国债相似，只是发行主体不同。国债由一国的财政部发行，而央行数字货币是由国家央行发行的。央行货币的数字化有助于提高央行货币政策的有效性，优化央行货币支付功能，进而提升央行货币的地位。此外，央行数字货币可以成为一种计息资产，满足货币持有者对资产安全的需求，也可成为银行存款利率的下限，还可成为新的货币政策工具。同时，央行可通过调整央行数字货币的利率，影响银行存贷款利率，同时有助于打破零利率下限。从经济学的角度来看，其主要解决的问题有三个：消除现金非法交易和洗钱活动；让实行负利率成为可能；让直升机撒钱[⊖]成为可能。央行数字货币定向发行与财政政策转移支付之间具有很强的相似性。不难看出，数字货币在一定程度上可能混淆央行与财政的界限。

基于以上特点，目前各国央行已纷纷开启对数字货币发行和监管的研究。根据国际清算银行 2020 年 1 月公布的一项调查，全球至少约 80% 的央行开始了数字货币的研究，40% 的国家处于实验阶段，包括荷兰、意大利等国，同时已有 10% 的国家开始试点，包括中国、韩国、乌拉圭、瑞典等。目前，中国央行数字货币的发展在全球范围内是比较超前的。不过，中国央行数字货币目前是采用双层发行的传统方式，即央行发行数字货币给商业银行，商业银行再将数字货币转移至个人或企业手中。由此看来，目前中国央行数字货币的作用是替代现金，而非创造一种

⊖ 直升机撒钱（helicopter money drop）是一种极端的货币政策，它是指国家中央银行以税收返还或者其他名义直接发货币给家庭或消费者，以此来刺激消费，降低失业率，克服通货紧缩。

新的货币。这种模式保持了货币流通过程中的债权债务关系，保持了中国原有的货币投放体系和二元账户结构，因此，并不会对商业银行的基本业务构成威胁，且能提升支付的便捷性和安全性，还具有央行背书的信用优势。除中国外，厄瓜多尔于2015年2月推出了一种新的加密支付系统和基于这个系统的厄瓜多尔币；瑞典央行于2017年开始启动e-krona项目；委内瑞拉在2018年2月宣布发售"石油币"，石油币的价值与油价挂钩；美国数字美元基金会也于2020年初启动了数字美元计划；新加坡金融管理局（MAS）和加拿大银行于2020年5月联合开展了一项使用央行数字货币进行跨境跨币种支付的实验。截至目前，全球已有多家央行在"央行数字货币"研发上取得实质性进展，包括法国、瑞典、沙特、泰国、土耳其、巴哈马、巴巴多斯、乌拉圭等。央行数字货币或将在不久的未来破茧而出。

如何比较加密货币、稳定币与央行数字货币这三种典型的数字货币呢？新浪财经意见领袖专栏作者张明在"漫谈数字货币"中提到：单就创造性而言，加密货币是一种颠覆式的货币创新，央行数字货币是最温和的货币创新，而稳定币的创新程度居于两者之间。但从路径依赖与网络外部性来看，央行数字货币是最容易为各界所接受的数字货币形式，而迄今为止，比特币其实尚不具备货币的功能。一旦稳定币投入使用，由于其价值稳定性较强，且具备私人互联网平台的场景支持，因此其使用前景是相当乐观的。

4.2.3 数字货币的特点

数字货币主要有三个特点（见图 4.10）。第一个特点是交易速度快。数字货币主要依赖于计算机和网络交易，而它的底层技术是区块链，因此可以集中、高效地处理数据，时效性比较高。第二个特点是交易成本低。传统的金融交易需要依赖于跨行转账汇款、银行结算等，可能会产生高额手续费，而数字货币可以在用户间直接交易，避免了高额的手续费，节约了交易成本。第三个特点是具有匿名性。因为在交易的过程中不需要第三方机构参与，并且交易双方可以在匿名的情况下完成交易，所以具有更高的匿名性，能够保护交易者的隐私。但高度匿名性也是一把双刃剑，它在为使用者带来便利的同时，也为金融犯罪（比如洗钱等）创造了条件。

图4.10　数字货币的三大特点

4.3　元宇宙中的数字货币

元宇宙其实以多人在线游戏的形式存在了几十年，但我们可能很快就会进入一个与现实世界几乎无法区分的沉浸式体验时代——为游戏玩家和非游戏玩家培养新的互动模式。在虚拟世界中，我们可以前往购物中心，开车穿过城镇，在咖啡馆结识朋友，并与其他用户一起交流，这一切都得益于虚拟现实和5G通信的快速发展。

Decentraland 等元宇宙概念公司已经展示了元宇宙世界的雏形：参与者可以在这里购买虚拟土地，进行社会活动及交换商品。任何社会（物理的或虚拟的）都需要经济系统作为基础，而在元宇宙中，经济依赖于数字资产的认证，这些数字资产包括一个人的元宇宙住宅、汽车、农场、书籍、服装和家具等。除此之外，它还需要能够实现自由交易。

数字货币将成为保障虚拟世界经济系统正常运行的关键。由于每个数字货币都由一个无法删除、复制或破坏的加密密钥保护，因此能够对一个人的虚拟身份和数字财产进行分散验证。这是元宇宙社会取得成功所必需的关键性因素。

4.3.1 数字货币在元宇宙中的作用及应用

区块链作为元宇宙交易和结算的底层设施，承担着保障用户虚拟资产、虚拟身份安全的作用，是实现元宇宙中价值交换并保障系统规则透明执行必不可少的一环。如果说区块链技术保障了元宇宙经济系统的正常运转，那么数字货币则直接服务于元宇宙中的价值交换。曾经区块链及数字货币备受关注，而在现实规则下，它们很难找到实际的应用场景并发挥优势。但是在元宇宙这一虚拟世界里，区块链和数字货币可以说支撑了整个元宇宙的经济体系，将其优势发挥到极致。

在真实世界中，货币不可或缺，其应用无处不在。数字货币在元宇宙中的应用场景也十分广泛，比如商品交易、房产投资、金融投资、游戏服务等。只要在元宇宙中的应用场景足够大，范围足够广，数字货币就会和现实世界中的货币一样，具有社会信用性，甚至可能会渗透到现实世界中，在现实世界中流通，进而影响现实世界的货币金融规则和体系。事实上，在个别地区，元宇宙与现实世界之间的金融体系已经被部分打通。一些数字货币、虚拟资产、虚拟商品可以对应一定比例的现实资产、商品或者服务。比如，用户持有的数字货币可以用来兑换美元、作为房地产抵押的债券，用户在线上投资的房地产可对应现实世界中某些地区的部分房产，用户通过购买线上门票，可以在线上直接收看某位歌手的演唱会等。

4.3.2 构建元宇宙的货币

元宇宙是一个平行世界，是现实世界的虚拟映射。正如现实世界中货币无处不在一样，在元宇宙里，数字货币保障了整个经济系统的正常运作。目前，几乎所有的虚拟现实平台都创建了属于自己的数字货币，比如MANA、AXS、SAND、ILV、ALICE、SLP、TLM 等（见

图 4.11）。接下来，我们将介绍其中几个具有代表性的数字货币。

图4.11　元宇宙中的货币

1. MANA

MANA 是 Decentraland 这个虚拟现实平台中流通的代币。Decentraland 是一个基于以太坊区块链的分散式 3D 虚拟现实平台（见图 4.12），它于 2020 年 2 月向公众开放，由非营利性的 Decentraland 基金会监督。用户可以在这个平台上浏览和发现内容，与其他人和实体互动，还可以在平台上购买土地或者在自己购买的土地上发布内容，包括创作静态的 3D 内容、游戏，举办演唱会，组织集体活动等。平台中的土地是一种稀有资产，可以使用 MANA 代币购买。除了可以用来购买土地以外，MANA 还可以用来购买平台上的商品、服务。此外，MANA 还可以作为开发者的激励措施，用来鼓励更多的用户参与并创作内容，进而使这个虚拟世界更加完善。

图4.12 Decentraland虚拟现实平台

图片来源：Decentraland

2. AXS

AXS 是 Axie Infinity 的代币，于 2020 年 11 月发布。Axie Infinity 的玩法类似于《精灵宝可梦》，是一个建立在以太坊区块链上的数字宠物世界（见图 4.13）。使用者可以在平台上收集、训练、饲养宠物，并可以实现用户之间的实时交互。用户可以通过参与游戏和对游戏世界做贡献来获得代币奖励。拥有 AXS 代币的用户可以参与游戏世界的投票，可以通过质押代币的方式获得游戏内的奖励，并可以使用代币在游戏内进行付款。

图4.13 Axie Infinity虚拟现实平台

图片来源：Axie Infinity

3. SAND

SAND 是 The Sandbox 的代币。The Sandbox 是由 Pixowl 于 2011 年推出的一款手机游戏平台（见图 4.14）。2018 年，其联合创始人 Arthur Madrid 和 Sebastien Borget 决定进军区块链领域，尝试构建 3D 元宇宙。2020 年，全新的 The Sandbox 游戏发布。游戏玩家可以通过 VoxEdit 和 Game Maker 来创建虚拟化身、虚拟物品甚至是新的游戏。虚拟物品除了可以与其他玩家交互外，还可以在 The Sandbox 市场进行交易，将这些虚拟产品货币化。SAND 可以在 The Sandbox 中有效交易，包括用于定制虚拟化身、购买土地资产、质押 SAND 以获取平台奖励、在市场上买卖虚拟产品以及通过平台的去中心化自治组织（DAO）对平台更新提出建议并投票。SAND 可以通过在平台上玩不同游戏和参加比赛获得，或者在加密货币交易平台购买。

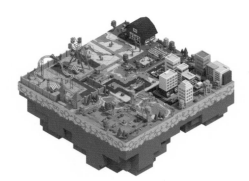

图4.14　The Sandbox手机游戏平台

图片来源：The Sandbox

参考文献

[1] 蔡晓晴, 邓尧, 张亮, 等. 区块链原理及其核心技术 [J]. 计算机学报, 2021.1, 44(1).

[2] 滕飞, 马晓敏. 区块链技术在数字货币中的应用态势分析 [J]. 世界科技研究与发展, 2021, 43 (5): 511-522.

[3] 李娟娟, 袁勇, 王飞跃. 基于区块链的数字货币发展现状与展望 [J]. 自动化学报, 2021, 47(4): 715-729.

[4] 毛宁. 数字货币发展趋势分析 [J]. 中国商论, 2021.

[5] 向坤, 郭全中. 从货币竞争视角看央行数字货币形态的发展 [J]. 行政管理改革, 2021.

[6] 傅一平. 2021 区块链及数字货币展望 [J]. 计算机与网, 2021.

[7] 孙英, 辛建轩. 加密货币的创新发展 [J]. 哈尔滨工业大学学报 (社会科学版), 2021.

[8] CHEN Y C, CHOU Y P, CHOU Y C. An image authentication scheme using Merkle tree mechanisms [J]. Future Internet, 2019. 11(7): 149.

METAVERSE

05

第 5 章

元宇宙与社交观

　　社交体验不仅是元宇宙的六大特性之一，也是元宇宙产业链中涉及体验层的要素。人类自进入互联网时代以后，社交模式及社交体验已经有了质的变化，互联网技术和通信技术使得人们可以随时随地进行沟通和交流。伴随着互联网技术的迭代，社交网络服务也应运而生，人们使用它来分享信息、内容及兴趣，并与其他人在网络上建立社交关系。社交网站提供了一个互动空间，它超越了传统的面对面互动，拓宽了人类的社交体验边界。不仅如此，以计算机为中介的互动，可以将不同的网络个体联系起来，创建出新的社会和职业关系。如今，Facebook 每月有 21.3 亿活跃用户；微信成为人们日常和工作中最重要的应用程序之一；Zoom 在疫情下构建了可以让学校、公司等机构继续开展工作的线上环境。

　　元宇宙中数字生命的出现将会进一步打破人类社交体验的边界，本章将从互联网社交的发展轨迹入手，结合对数字生命的介绍，来展现虚拟空间中的社交体验场景（如图 5.1 所示）。

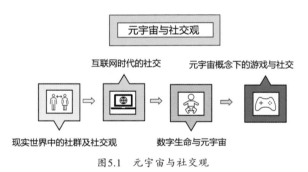

图5.1　元宇宙与社交观

5.1　现实世界中的社群及社交观

　　社群主义（communitarianism）是一种强调个人与社群之间联系的哲学，即一个人的社会身份和个性在很大程度上是由社群关系塑造的，但从更广泛的哲学意义上讲，社群主义通常被理解为特定地点（地理位置）的群体之间，或者具有共同兴趣或利益的群体之间的互动的集合。社群主义内部通常反对极端的个人主义以及忽视社群稳定性的极端自由主义。社群主义结合了对自由经济政策的支持，例如混合经济和社会保守主义。社群主义思想在西方、中国和其他地方有着悠久的历史，但现代社群主义始于英美学术界，其形式是对约翰·罗尔斯（John Rawls）1971年里程碑式的著作《正义论》的批判性反应。随着科技的发展，人们逐渐从传统社群走向互联网社群。

5.1.1　社群的概念

社群简单来讲就是一个群体，但是它需要有一些自己的表现形式。这里的社群指的是当地社区、村庄、城镇、城市、地区甚至国家等基于位置的社群，或者地缘群体、亚文化、种族、宗教、多元文化甚至多元文明等基于身份的社群。社群里的成员有一致的行为规范、持续的互动关系，成员间分工协作，具有一致行动的能力。

5.1.2　社群的分类及结构

简单来说，传统社群就是价值观统一的人聚集形成的群体或组织，是有共同追求、共同理想、共同目标、共同兴趣的人聚集而成的群体。而互联网社群是一群对某些商业产品有需求的消费者，是以兴趣和相同价值观集结起来

的固定群组，它的组成是兴趣爱好相同的消费者。如图 5.2
所示。

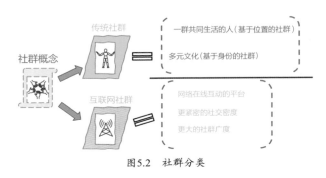

图5.2 社群分类

传统社群种类很多，比如利益社群、实践社群、地方
社群、环境社群等。

- 利益社群

  顾名思义，利益社群由拥有共同利益或热衷于实
  现类似目标的成员组成。例如，社群成员可能因
  对运动或者电影的热爱而聚集在一起。鉴于这些社
  群的成员可能不局限于特定地点，他们可能只能
  偶尔见面或使用在线交流渠道来促进社群的持续
  互动。

- 实践社群

  实践社群的概念最早是学术界引入的，它特别提到
  了具有相似教育背景的群体，一起实现共同的目标。
  大规模开放在线课程，也称为 MOOC，是实践社群
  的一个很好的例子。尽管这些群体在成员之间的直
  接互动方面相当有限，但社群感是由共同的目标带

来的。

- 地方社群

  地方社群由居住在一起的成员组成。这种社群通常包括邻居、家人和朋友，或来自同一城镇的一群商人。在大多数地方社群中，成员可能彼此熟悉，因为他们位于同一地点。

- 环境社群

  理想情况下，环境社群由因某种情况或环境而聚集在一起的成员组成。在大多数情况下，这种社群旨在分享经验，而不一定有共同的兴趣。这种社群可能包括都在抗击癌症的人或都在努力应对工作之外的新生活的退休人员。

新兴的互联网社群是一个成员主要通过互联网相互交流的社群。社群成员通常有共同的兴趣。对于许多人来说，互联网社群就像家一样，只不过是一个由"隐形朋友"组成的家庭。那些希望成为互联网社群一部分的人通常必须通过成为特定的网站会员，而获得特定内容或链接。互联网社群也可以看作一个信息系统，其成员可以发布评论、提供建议或合作。通常，人们通过社交网站、聊天室、论坛、电子邮件列表和讨论板进行交流，这也就是日常的社交媒体平台，包括 Facebook、Twitter、Instagram、微信等。人们也可以通过电子游戏、博客和虚拟世界加入互联网社群，并可能在交友网站或虚拟世界中遇到新的重要人物。

互联网的普及使得与他人的实时交流和联系变得更加容易，并促进了信息交换的新方式的引入。然而，这些互动也可能导致人们在现实世界互动的减少，种族主义、欺凌、性别歧视等内容也可能在互联网社群中出现。

互联网社群的一个学术定义是：围绕共同兴趣进行互动的个人或商业伙伴的集合，其中的互动至少部分得到技术支持或通过技术进行，并受到某些协议或规范的指导。图 5.3 所示为一个典型的社群结构。

图5.3　社群结构

5.2　互联网时代的社交

社交活动伴随人类社会的诞生而出现，人类交流的媒介又在历史的发展中不断革新。于是，人类的社交活动也随着交往媒介的改变而不断被重新塑造。随着互联网时代的崛起，人们的社交方式也发生改变，从以前很慢的车马、很远的书信，到现在的各个平台都可以社交，人们的社交方式变得多姿多彩。

5.2.1 互联网时代的新社交

1954 年，J. A. Barnes 首次使用"Human Relations"这一术语，由此出现社交网络一词。随后出现了社交网络发展的四次浪潮，如图 5.4 所示。

1. 第一次浪潮

1971 年，由 ARPA（Advanced Research Projects Agency）项目科学家发出了世界上第一封电子邮件。这标志着互联网时代社交的开始，人们实现了从原始的写信、面对面聊天到互联网发邮件这一里程碑式的跨越。

2. 第二次浪潮

21 世纪初，社交网络进入了新的发展时期。2001 年，Meetup.com 网站成立，其专注于线下交友，每月约有上万个群组举行线下活动。Meetup.com 是一个兴趣交友网站，它鼓励人们走出各自孤立的家门，去与志趣相投者交友、聊天。2002 年，Friendster 出现，它是全球首个用户规模达到 100 万的社交网站。2003 年，MySpace 出世，社交网络的发展再一次被带动。

3. 第三次浪潮

2004 年，Facebook 诞生。Facebook 发展迅速，短短几年时间里就成为全球最受欢迎的社交平台之一，每月移动平台活跃用户数有 5.43 亿。

2005 年，YouTube 诞生，其用户量早已突破 10 亿，目前是世界上最受欢迎的视频网站之一。

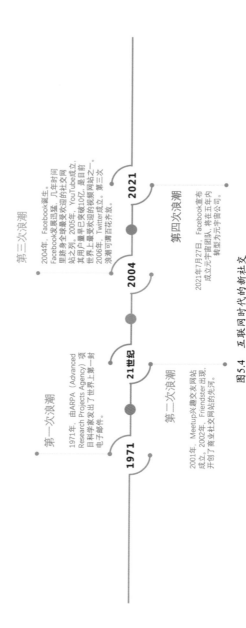

第一次浪潮

1971年，由ARPA（Advanced Research Projects Agency）项目科学家发出了世界上第一封电子邮件。

21世纪

第二次浪潮

2001年，Meetup兴建交友网站成立。2002年，Friendster出现，开创了商业社交网站的先河。

2004

第三次浪潮

2004年，Facebook诞生。Facebook发展迅猛，几年时间里跻身全球最受欢迎的社交网站之列。2005年，YouTube成立，其用户量早已突破10亿，是目前世界上最受欢迎的视频网站之一。2006年，Twitter成立。第三次浪潮可谓百花齐放。

2021

第四次浪潮

2021年7月27日，Facebook宣布成立元宇宙团队，将在五年内转型为元宇宙公司。

图5.4 互联网时代的新社交

2006 年，Twitter 诞生。作为微博客的社交应用平台，它的便捷性受到了很多用户的欢迎，现在全球的用户量超过 5 亿。

这三个标志性的社交网络产品将社交网络推向了一个快速发展的时期。在接下来的几年里，社交网络的发展一路高歌猛进。社交网络已经从前一段黑暗时期进入了鼎盛时期。经过几年的爆炸式发展，其发展形式更加多样化。在第三次浪潮中，中国的社交网络也开始进入一个快速发展时期。天涯和猫扑等早期产品在中国掀起了一股社交潮流。之后，2009 年诞生了新浪微博，2011 年微信问世，到 2017 年，微信的全球用户量达到 9 亿多。

4. 第四次浪潮

2021 年 4 月 13 日，Epic Games 宣布投资 10 亿美元打造元宇宙。2021 年 5 月 18 日，韩国信息通信产业振兴院联合 25 个机构和企业成立"元宇宙联盟"，旨在通过政府和企业的合作，在民间主导下构建元宇宙生态系统，在现实和虚拟的多个领域实现开放型元宇宙生态。值得一提的是，韩国是第一个在元宇宙设立政府的国家。2021 年 7 月 27 日，Facebook 宣布成立元宇宙团队，将在五年内转型为元宇宙公司。元宇宙的发展在未来会改变人们的生活方式。

5.2.2 互联网时代的社交观的革新

我国社交网络从萌芽、起步、发展到全面流行，如今逐步走向成熟化。移动社交领域由于用户广、黏性高、生命周期长等特点，吸引了众多创业者的目光。

随着互联网技术对于交际方式的影响逐渐深入，人们对于交际方式的态度也有明显的转变。当互联网技术刚刚进入社交领域，打破传统的面对面交流方式，新的社交模式刚刚形成时，人们充满了好奇，对于新模式的功能发挥和未来发展充满期待。当互联网技术更加深刻地改变社交模式，重新塑造人们的交际方式乃至生活方式时，人们逐渐感受到传统面对面的社交模式已经满足不了日常需求。但技术主导的交际方式带来高效率、快节奏生活的同时，也带来了交际上的焦虑和恐慌，对于面对面社交的反思又成为人们思考的重心。人们积极界定其意义与价值的同时，也更加期待传统社交模式的温情和细腻。但是，对于传统的眷恋并没有打消人们在社交行为上对新技术、新模式的依赖和认同，在实际交际中人们更加趋向方便快捷的虚拟社交方式，微博、微信、QQ 等几乎成为现下交流必需的工具。因此，人们面临着在心理上对虚拟社交发展的焦虑，而行为上对虚拟社交模式又趋之若鹜的割裂。

人们既不能舍弃优越便捷的现代通信方式，又对传统社交方式充满依赖，故而在日常生活中表现为依赖现代社交方式的同时忧虑现代化可能造成的不适，但是又由于惰性和惯性而不得不使用现代社交方式，二者产生了源自内心归属和感受的矛盾与抗争。这不是现代人所面临的唯一颠覆，日新月异的科技使人的传统思维与现实发展越来越不适切，也从一个方面反映了在社交环境发生巨变的背景下社交观念的交替和更新。而这种交替与更新无不以自我归属与自我表达为指归，这种"依赖 - 焦虑 - 更加依赖"的模式是以内心的触角感受社交的改变，同样是在寻找安顿自我的方式。

以手机应用为例，日常使用的很多应用都有交互功能。例如以音乐播放为核心功能的网易云音乐，其用户不仅可以对歌曲进行评论，还可以评论已有的歌曲评论。同时在应用中还可以关注好友，查看好友歌单、推荐歌曲甚至发送消息。而且现在还有云村广场，你可以在这里分享你热爱的音乐或者视频，从这里找到与你兴趣相同的朋友，如图 5.5 所示。以在线支付为核心功能的支付宝，其用户不仅可以相互转账，而且用户之间添加好友之后还可以互相发送消息。以网络购物为核心功能的淘宝，其用户在使用时可以联系客服、已买买家、阿里小蜜等，淘宝还开发了添加好友进行分享与聊天的功能。

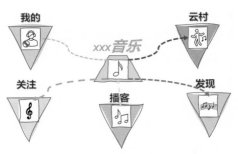

图5.5　网易云音乐的社交功能

同时，以社交为核心功能的手机应用也兼有其他多种服务和延伸功能，其延伸功能涉及生活的方方面面。我们所熟知的社交软件有 QQ、微博、微信、陌陌等，这些社交软件有些已经不只有单纯的社交功能，而是开发出更加丰富的附加功能，如微信方便快捷的支付功能吸引了众多的用户，用户可以在微信上开微店、推荐代购等，微信俨然成了线上购物和商业宣传的新途径。另一方面，不同于上述内容，互联网技术可以直接模拟一定的现实生活情景，通过创造虚拟的空间而实现交流和沟通。典型的例子是在教育领域新兴的众多关于课堂交互的应用，例如课堂微助教、ZOOM、PIAZZA 等都是在虚拟课堂情景的基础上完成师生交互。由此可见，虚拟社交模式不仅改变了人们的社交方式、社交习惯，还改变着人们的社交观念和生活方式。

简单来说，虚拟社交已经不满足于对社交对象的重塑，它将目光投向社交的空间和环境，也就是通过技术实现对社交空间的构建和社交环境的模拟，从而在更深程度上改变和重塑社交方式。这一转变实际是在更广范围内对社交环境的隐性塑造，潜移默化地改变着人们对于社交的界定。以虚拟课堂为例，它打破了社交基于现实场景的基础，通过互联网在模拟空间完成实际交流。从这个意义上说，社交的概念被重新划分，虚拟社交给予了社交无限可能。

5.3 数字生命与元宇宙

我们可以畅想一下，在元宇宙中有一个虚拟的自己，就和在现实世界一样，可以做许多自己感兴趣的事，甚至是在现实生活中无法完成的事，比如在现实生活中从南极到北极可能会花上你一个礼拜甚至是半个月的时间，但在元宇宙中不需要考虑距离因素，打个响指的工夫就到了。此外，元宇宙中的数字身份是独一无二的，元宇宙将成为一个人们可以参与、社交并成为其中一部分的沉浸式平台。

5.3.1 元宇宙中的数字生命

数字生命是用计算机媒介来创造的新的生命形式，是具有自然生命特征或行为的人工系统。数字生命研究是指那些以计算机为媒介、以计算机程序为生命个体的人工生命研究。在元宇宙中，人以数字身份参与数字世界。它不是现实世界，而是一个虚拟的时空、数字的世界。

元宇宙中的数字身份是独一无二的。识别模块将内置在协议中，并将开发补充应用程序。用户将对自己的身份拥有自主权——自我独立的身份——这意味着他们完全控制自己的个人身份信息，因此不需要依赖任何第三方进行身份核实。有了真正的自主身份，用户可以自主创建、签署和验证声明，而与用户互动的各方将能够验证其身份。此外，用户将能够有选择地披露他们的信息。数字身份是虚拟世界不可分割的一部分，可以有多种形式，如个人或价值中介（机构和实体）。因此，在不同的情况下，用户可以拥有不同的数字身份（例如工作场所身份和个人身份），但它们最终都基于用户的真实身份（如图 5.6 所示）。

目前虚拟数字人的工业应用主要分为基于服务的应用模型和基于身份的应用模型。服务虚拟人的主要功能是代替真人的服务，提供日常陪伴。它是现实中面向服务的角色的虚拟化，包括虚拟主播、虚拟教师、虚拟客服、虚拟助理等。其产业价值主要是降低现有服务行业的成本，为服务行业降本增效。在医疗保健和零售等行业，人工智能数字助理具有巨大潜力。对于医疗专业人员，数字助理可以帮助改善培训和程序。医生可以在逼真的模拟中进行操作，他们可以进行数百次模拟，以确保在现实生活中进行手术之前获得最佳效果。在零售业，人工智能数字助理可以通过提供更加个性化的体验来增强客户服务。为此，人工智能数字助理需要对口头交流有很好的理解。这是帮助人们更好地与数字助理互动和交谈的关键，以便能够完成相应任务。对于建筑和制造等行业的公司，数字生命正在帮助团队模拟工厂、城市建筑物等大型环境中的工作人员。在数字生命的帮助下，公司可以通过准确的模拟来评估风险和预测环境，以确保物理建筑的最佳设计。

图5.6　元宇宙数字生命畅想

图片来源：Meta Horizon

在娱乐和社交领域，数字生命可以作为虚拟 IP/ 虚拟偶像进行内容制作，也可以作为个人的虚拟世界克隆进行社交。它是个人在虚拟世界（或元界）中的第二个克隆。其产业价值体现在为未来虚拟化世界提供人类核心交互中介，在增量市场创造新的价值增长点上。根据《虚拟数字人深度行业报告》，虚拟数字人替代真人服务中的虚拟主播和虚拟 IP 中的虚拟偶像是当前的市场热点。例如虚拟歌手洛天依就是以雅马哈公司的 VOCALOID3 语音合成引擎为基础制作的虚拟形象。虚拟偶像制作完成后，需要 IP 创作和运营，积累一定数量的粉丝后，可以通过演唱会、音乐、广告代言、直播等方式变现。媒体公司通过投资并购科技公司或购买技术服务参与虚拟数字人业务，通过培育虚拟偶像实现应用层面的商业化。根据量子比特的预测，2030年中国虚拟数字人整体市场规模将达到 2700 亿元，其中身份数字人约 1750 亿元，服务虚拟数字人约 950 亿元。

数字生命主要由三个重要部分组成：上游基础层，中游平台层和下游应用层。

1. 上游基础层

上游基础层为数字生命的制作提供基础的软硬件支持。硬件包括显示设备、光学设备、传感器、芯片等，基础软件包括建模软件和渲染引擎。建模、人工智能、动作捕捉和渲染是开发虚拟人的四大关键技术。目前，数据积累和模型可以实现毫秒级的高速拍照与扫描，满足了数字人体扫描和重建的需求，已经成为当前角色建模的主流方式。但 3D 数字人体建模仍需大量人工参与，整体制作效率较低。基础层技术领先者是海外巨头，技术壁垒深厚。典型代表如 NVIDIA、Meta、Epic Games、Unity 等公司，均开始基于自身技术优势向中游生产技术服务平台延伸。其中，芯片巨头 NVIDIA 推出了其可以实时模拟具有高度细节数字世界的"工程师元界"Omniverse，成为构建虚拟世界、赋能现实世界的重要引领者。

2. 中游平台层

数字生命中游平台层包括软硬件系统、生产技术服务平台和人工智能能力平台。软硬件系统公司从基础层获取数据，通过软件算法再现人物动作。生产技术服务平台提供一站式虚拟人解决方案，人工智能能力平台提供交互技术能力。软硬件系统主要包括建模系统和动作捕捉系统；生产技术服务平台主要包括渲染平台和解决方案平台；人工智能能力平台包括人工智能技术、自然语言处理和语音识别技术。

虚拟数字人的核心技术主要由中游技术服务商提供，包括综合/互联网技术厂商、专业人工智能厂商、CG 厂商、XR 厂商。数字生命算力的参与者主要包括中兴通讯、新易盛、中基群创、广合通和 MG 智能。

3. 下游应用层

从下游应用层角度看，数字生命可应用于影视、媒体、游戏、文旅、零售等领域，如图 5.7 所示。变现方式包括直播打赏送达、商业演出、品牌代言、影视集团等。从下游市场来看，影视数字替身的主要参与者是数字王国和诺华；虚拟主播和虚拟主机领域的主要参与者包括 SMG、Bilibili 等；

数字角色的主要参与者包括网易和腾讯等互联网大厂；金融领域数字化人才的先行者包括浦发银行、中国工商银行、中国农业银行；虚拟导游的部分参与者包括腾讯和商汤。

图5.7　元宇宙中的数字生命

5.3.2　虚拟距离与物理距离

物理距离一般是同一时间下，空间两点之间的最短连线长。在物理距离下，人们在出行时一般会考虑很多因素，包括距离、时间、金钱、天气等，距离是人们主要考虑的因素。但是在元宇宙下，人们不必考虑距离，就像在电影《头号玩家》中，当玩家进入"绿洲"之后，想去哪里只需要对着元宇宙里的个人 VR 说一声去哪里，直接就会到达目的地，非常便捷。

元宇宙的核心不仅是要在视觉上无限接近现实，更重要的是在法则上接近真实的宇宙。在真实的宇宙中，生命体和非生命体均会随着时间的推移而改变，它们看似是单独的整体，而其本质是由一个个更小的单位组成的，因此作为底层设施的建模手段需要考虑能否满足需求。目前的建模手段主要有三维建模和体素建模。

互联网从诞生至今，经历了三次重要变革（如图5.8所示）。第一次是1998年，人们终于摆脱了对于因特网能否成功的疑虑，互联网不再是仅停留在实验阶段的一个概念。一个大时代开始，互联网进入各行各业，使人们的生活变得更加便捷，工作效率大幅提升。第二次是2008年，伴随着智能手机的快速发展，互联网改变了人们的生活习惯，便捷的新闻获取使其逐渐取代传统的纸媒。这一阶段可以称为移动互联网时代。第三次是2021年，元宇宙雏形初现，人们在元宇宙里可以随意穿梭，打破了之前地理距离的限制。元宇宙是一个由区块链、游戏、网络、虚拟设备四大重要元素支撑的全感官和人机交互的全真互联网体系。这一阶段的互联网将会是三维立体的，人们不再通过显示屏浏览网页，而是穿梭在互联网宇宙中。游戏带来的冲击满足了人类的幻想，让人类可以尝试现实中无法完成的事情，而元宇宙将更进一步满足并扩展这个需求。现实世界的时空观在元宇宙中都可以被打破，科幻电影中出现的一幕幕场景都可以在元宇宙中重现。

2 2008年，伴随着智能手机的飞速发展，互联网快速联合了无线设备，并经历了服务和内容方面的发展，打败了传统纸媒和电视，代替了电话和短信，同时改变了人类长久习惯的生活方式。

移动互联网时代

1 ────

PC互联网时代

1998年，人们终于摆脱了对于因特网能否成功的疑虑，互联网不再是仅停留在实验阶段的一个概念，开始渗入各行各业。

元宇宙时代

雏形初现，元宇宙是一个由区块链、游戏、网络、虚拟设备四大重要元素支撑的全感官和人机交互的全真互联网体系。

3

图5.8　PC互联网时代到元宇宙时代

5.4　元宇宙概念下的游戏与社交

　　现代生活已经逐渐离不开游戏与社交，游戏与社交不仅可以丰富我们的精神世界，甚至在元宇宙里会陪伴我们很长时间。随着科技的发展，游戏的可创造性也越来越高，我们可以在游戏与社交软件里创造自己的世界与社群。

5.4.1　元宇宙概念下的游戏体验

　　元宇宙世界中最成功的游戏之一是 *Roblox*，该游戏诞生于 2004 年，目前在全球拥有 4700 万日活跃用户和 950 万开发"体验"（即用户创建的世界和游戏）的开发者。

　　Roblox 成功的部分原因在于它自下而上地依赖创作者社区，该社区开发了游戏中的所有体验，从 DJ 派对到玩警察和强盗的游戏。*Roblox* 目前有 4000 多名人工版主，他们致力于监管平台并确保游戏中的体验不违反社区标准。*Roblox* 还使用机器学习算法来扫描和审查它认为不合适的内容，并按年龄级别过滤内容。

　　在 *Roblox* 平台上，头像代表着玩家在虚拟世界中的身份。*Roblox* 不仅构建了社交生态，而且建立了自己的虚拟经济体系（如图 5.9 所示）。玩家可以使用一种名为"Robux"的游戏内货币交易商品。除了促进游戏内购买之外，社区开发者还可以通过 Robux 获得报酬，而 *Roblox* 最大的运营现金来源于购买 Robux 的玩家。2021 年第三季度，*Roblox* 的 5.09 亿美元收入中有一半以上（54%）来自 Google Play

和 Apple 应用商店的 Robux 销售（数据来源：*Roblox* 财报）。*Roblox* 本身是免费的。

图5.9　Roblox

相比于 *Roblox*，*Fortnight*（堡垒之夜）因其特殊的玩法和完美的画风在国外有着极高的知名度，它目前有三种游戏模式，分别是守护家园、空降行动和嗨皮岛（如图 5.10 所示）。

图5.10　*Fornight*模式

在守护家园模式中，玩家必须不断扩大屏障，并搭建堡垒和陷阱，以应对夜晚来袭的各种怪物。玩家还可以通过闯关和抽奖获取枪械图纸、陷阱和角色卡，增强自身和堡垒的防御力。在空降行动模式中，一名玩家可以与九十九名其他玩家进行竞争，并且可以二人组队、四人组队，一起与其他的队伍进行抗争，随着暴风眼的来临，玩家必须不断收集物资、搭建房屋来进行玩家之间的对抗，直到淘汰所有的对手，成为唯一的幸存者。在嗨皮岛模式下，玩家可以创造自己的岛屿，可以建自己的地图，还可以邀请好友一起玩。在该模式下也可以玩其他玩家造的地图，前提是需要代码。

5.4.2　元宇宙概念下的社交体验

除了游戏外，社交同样是一个重要的角力场。字节跳动在东南亚地区上线了一款名为"PixSoul"的产品，主打AI捏脸功能。简而言之，PixSoul可以帮助用户打造个性化的虚拟形象，并用于社交。PixSoul的应用说明显示："你可以把自己变成很酷的虚拟人物……并与你的家人分享。"而另一款国内知名度比较高的App则是腾讯投资的Soul，主打的就是"年轻人的社交元宇宙"标签，按照其定义，用户通过完成30秒的"灵魂测试"就能找到与自己兴趣相投的同龄人，一起自由表达和认知世界，建立属于自己的"社交元宇宙"。Soul是2016年年底上线的一款App，到2020年，Soul营收为4.98亿元，同比增长604.3%。到2021年第一季度，其月活超过3300万，营收2.38亿元，同比增长260%（数据来源：Soul招股书）。

当用户进入Soul App时，可以制作自己的头像来塑造新的互联网角色，并与现实世界的外表和身份保持舒适的分离度。接下来，用户必须完成"灵魂测试"（性格测验）。灵魂测试，就像霍格沃茨的分院帽一样，将用户分配到不同的"行星"——志同道合的人相遇的行星。然后，新来者就可以开始自己的元宇宙之旅了，他们可以使用短信、语音或视频进行对话。如果想以更加个性化的方式真正突出他们自认的形象，Soul App 具有创新功能，包括兴趣标签和录音自我介绍。

该应用程序为用户提供隐私保护，使其免受现实世界中错综复杂的社会关系所带来的压力。当匿名时，一些用户将 Soul 视为在线"树洞"，他们可以在其中自由、真实和安全地表达自己。

为了加强用户之间的互动和联系，提升游戏化体验，Soul 推出了群聊派对等功能。借助其强大的算法，该社交平台可以根据用户的个人资料准确地推荐可能吸引用户的聊天室。该平台还提供广泛的增值服务，这是社交元世界中的另一个关键要素。毫不奇怪，即时、身临其境和另类宇宙般的社交体验受到大多数玩家的好评。数据显示，Soul App 在 App Store 中的免费应用程序排行榜中排前十。活跃用户几乎每月增加一倍，其中 35% 属于日活跃用户类别。平均而言，Soul 用户每天使用该 App 21 次，使用时间为 49 分钟。该平台平均每人每天记录 66 条点对点消息，甚至高于一些即时通信产品。

通过围绕兴趣和爱好建立联系，Soul 已转变为深受年轻人青睐的社交应用程序。"我们的长期承诺是减少社会的孤独感。"Soul App 创始人张璐说，"这个目标仍然贴近我们的心，孤独是我们努力应对的核心挑战。"这些话生动地反映了 Soul 的雄心壮志：为年轻一代建立一个"灵魂"元世界。可以肯定的是，一个新的未来已经到来。在 Roblox、Fortnight 和 Soul 等各种玩家的探索下，"元宇宙"正在逐渐形成。

参考文献

[1] BELLD. Communitarianism [EB/OL]. (2020-5-15) [2021-12-28]. https://plato.stanford.edu/entries/communitarianism/.

[2] 清华大学新媒体研究中心. 2020—2021 年元宇宙发展研究报告 [R]. 北京：清华大学，2021.

[3] LUCATCH D. Digital Identity In The Metaverse [EB/OL]. (2021-12-28) [2022-1-3]. https://www.forbes.com/sites/forbesbusinesscouncil/2021/12/28/digital-identity-in-the-metaverse/?sh=6d344e661fb6.

[4] YUEN S. An Era of Digital Humans: Pushing the Envelope of Photorealistic Digital Character Creation [EB/OL]. (2021-11-9) [2021-12-30]. https://developer.nvidia.com/blog/an-era-of-digital-humans-pushing-the-envelope-of-photorealistic-digital-character-creation/.

METAVERSE

06

第 6 章

元宇宙的资产观

得益于 VR/AR、应用 5G 和人工智能技术的发展，可穿戴设备配套硬件设施的完善，区块链技术革新了传统的经济系统，小说《雪崩》和电影《头号玩家》中的虚拟世界正在向我们走来。这个新兴世界有着独特的新秩序：它能够基于虚拟现实及交互技术向用户提供高度的沉浸式体验，基于数字孪生技术生成现实世界的镜像，基于区块链技术搭建经济体系。在元宇宙世界中，可以将虚拟世界与现实世界在经济系统、社交系统及身份系统上紧密融合，并且允许每个用户进行内容生产和编辑。在现实生活中，每个人都要通过努力和贡献来获得认同，并获得直接和间接利益。在虚拟世界中同样如此，人们可以共同进行元宇宙治理，可以参与社交活动，可以使用专属货币购买资产，也可以买卖资产赚取货币。数字金融体系是元宇宙世界中重要的一环，是提升用户体验的关键因素，也是吸引更多人参与到元宇宙建设中的重要驱动力。

6.1　数字资产的持有模式和所有权——NFT

非同质化代币（Non-Fungible Token，NFT）是一种存储在区块链上的数据块。NFT 被记录在区块链里，不能被复制、替代、分割，是用于检验特定数字资产真实性和所有权的唯一凭证。NFT 作为数字资产用途的许可证及所有权证明，通常与特定的数字资产相关联。在元宇宙世界中，NFT 作为所有权证，它的出现使数字资产可以在虚拟世界中流通，增强了在元宇宙中建立经济体系的可行性。

6.1.1　NFT 的概念

如今，人们的交易方式已经从传统的模式转向可以使

用法定数字货币和加密货币的数字化方式。数字货币是政
府发行的法定货币的电子形式。而加密货币是一种由私人
系统发行的非实物货币，是去中心化的，不受任何管理机
构的监管，并基于区块链技术运行。NFT 和数字货币的概
念很容易被混淆，虽然它们都是建立在区块链技术上的，
但是，NFT 并不是数字货币。由于 NFT 是唯一的、不可替
代的，因此它不具备数字货币可互换的特性。图 6.1 对比
了 NFT、加密货币及央行数字货币。

	NFT	加密货币	央行数字货币
定 义	基于区块链技术、与数字资产相关联的所有权证	一种使用密码学原理来确保交易安全及控制交易单位而创造的交易媒介	以数字或电子形式呈现的受监管的法定货币
类 型	所有权证	数字货币	数字货币
价 值	数字资产的价值	加密货币市场价值	纸质货币的价值
监 管	不受监管	不受监管	受政府监管
例 子	加密猫 CryptoKitties	比特币	数字人民币
技 术	区块链	区块链	区块链
波动性	不稳定	不稳定	稳定

图6.1 NFT、加密货币及央行数字货币的对比

NFT 是一种与数字资产相关联的所有权证，而加密货
币和央行数字货币都属于数字货币，这三者的核心区别在
于可替代性。可替代意味着对象可以使用等价的另一个对
象来替换，例如一张 100 元人民币可以替换掉另一张 100
元人民币。同样，一个比特币也可以兑换一个比特币。但
是，1 个 NFT 会随着它所关联的数字资产的价值变化而变

化。购买数字货币像是依据汇率兑换不同国家的货币，而购买 NFT 则更像是购买有专属序列号的手机。这三者都基于区块链技术，区块链不仅可以防止伪造，而且方便追溯。不同的是，NFT 和加密货币是完全去中心化的，且它们的价值几乎完全由市场决定，波动较大。而央行数字货币则受政府监管，因此价值也相对稳定。中国是世界上第一个正式发行法定数字货币的国家。

市场上的 NFT 可以分为六大类，分别是游戏 NFT、元宇宙 NFT、艺术 NFT、DeFi[⊖] NFT、收藏品 NFT 以及实用型 NFT，其中实用型 NFT 包括用于进入特定区域的许可证及可以在社交网络中使用的表情包、头像和个人身份等。

虽然 NFT 在 2021 年获得了前所未有的关注度，但它早在 2012 年就已出现。在了解了 NFT 的概念之后，我们接下来将深入了解 NFT 的历史。

6.1.2 NFT 的历史

1. 2012 年染色币出现

2012 年，染色币（Colored Coin）的概念出现在加密货币圈中，它描述了一种可以用于创建、标记所有权及交易比特币之外的外部资产和现实世界资产的方法，其中外部资产指的是不能直接被存储在区块链上的数字资产。染色币的概念为 NFT 的形成奠定了基础。

染色币由小面额的比特币制成，可以小到 1 聪[⊖]，1 聪等于

⊖ DeFi，即 Decentralised Finance，去中心化金融。
⊖ 聪（Satoshi）是比特币的最小单位。

10^{-8} 比特币，即一亿分之一比特币。染色币可用于代表多种资产并具有多种用途，例如用作优惠券，发行自己的加密货币，发行公司股份，访问许可证及数字收藏品等。制作染色币的过程称为发行，在发行染色币时，会将资产记录在区块链上，同时生成资产 ID。发行染色币后，资产就可以进行交易。染色币的诞生让人们意识到将资产与区块链技术相关联的巨大潜力。然而，由于缺乏实际方案，这个概念只能被暂时搁浅。

2. 2014 年 Counterparty 诞生

Counterparty 是一个建立在区块链之上的点对点的金融平台。它基于分布式开源互联网协议，除了允许用户创建和交易各种类型的数字代币外，还允许任何人编写特定的数字协议或称为智能合约的程序，并在区块链上执行。使用比特币的去中心化账本网络和 Counterparty 的内置脚本语言，不需要任何中介就可以创建数字资产。

2015 年，区块链卡牌游戏《魔法创世纪》（*Spells of Genesis*）的创作者通过 Counterparty 将游戏内的资产发行到区块链上，成了将资产和区块链相关联的先驱。2016 年，Counterplay 又与北美市场上销量排名第四的卡牌游戏 *Force of Will* 方合作，将游戏内的卡牌发行到了区块链上。之后，又有用户在 Counterplay 上发行了除游戏资产之外的模因⊖资产。模因资产的发行让 Counterplay 意识

⊖ 模因（Meme）是文化资讯传承时的单位，指想法、行为或风格从一个人到另一个人的文化传播过程。

到，用户想在虚拟环境中拥有自己独特的数字物品。此后，Counterplay 构建了越来越多的资产项目。

3. 2017 年 CryptoKitties 诞生

第一个使用 NFT 技术标准的项目是著名的 CryptoKitties，这是一款基于区块链的虚拟游戏，允许玩家领养、饲养和交易虚拟猫。猫被当作个人的资产放在区块链上，一些虚拟猫的售价甚至超过了 10 万美元，这个令人难以置信的项目被各大媒体争相报道。在目睹了 CryptoKitties 社区内交易虚拟猫的疯狂后，人们感受到了 NFT 真正的力量。

2018 年到 2019 年，NFT 的产业生态大规模增长。该领域内涌现出 100 多个项目，并且还有更多的项目正在开发中。在 OpenSea 和 SuperRare 的带领下，NFT 市场正在蓬勃发展，并以迅猛的速度增长。随着区块链技术的不断改进，加入 NFT 生态系统变得更加容易。

4. 2021 年的 NFT 市场

随着元宇宙概念进入大众视野，公众对 NFT 的关注度激增。2021 年，NFT 市场成交了约 20.4 亿个 NFT，总成交额达 14 915.72 亿美元。图 6.2 基于 NonFungible 的数据，展示了 2021 年 NFT 的交易情况：（1）2021 年游戏 NFT 的交易数量占比最大，占整个市场 NFT 成交数量的 67.380%，其次是收藏品 NFT，占比 23.296%，元宇宙 NFT 占比 2.038%，而 DeFi NFT 的占比最少，仅有 0.159%；（2）根据 2021 年各类型 NFT 交易数量的变化情况，自 8 月开始，NFT 交易数量激增，在 11 月出现短暂下降后，又呈现出上升趋势，12 月游戏 NFT 总共成交了约 3.06 亿个，元宇宙 NFT 成交了 401.32 万个；（3）对于 NFT 的交易金额情况，与交易数量不同，由于收藏品 NFT 的单价较高，所以虽然成交数量占比不是最多，但交易金额占比最大，约为 56%，元宇宙 NFT 的交易金额占比为 3.339%；（4）交易金额的变化情况与交易数量相同，都是在 8 月之后激增，截至 12 月，收藏品 NFT 的交易金额达 2068.58 亿美元，游戏 NFT 的交易金额为 716.46 亿美元，元宇宙 NFT 的交易金额约为 175.16 亿美元，而 DeFi NFT 的交易金额最少，约为 6.10 亿美元。

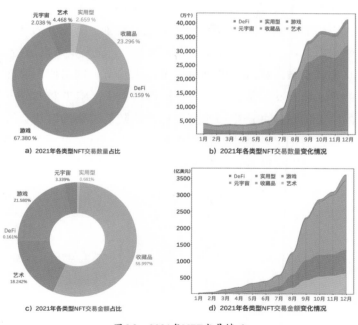

图6.2　2021年NFT交易情况

数据来源：NonFungible

6.1.3　NFT 的交易流程

以太坊（Ethereum）区块链在其网络上针对不同类型的代币制定了各种技术标准，以使交易可以正常进行。NFT 通常使用以 Solidity 语言编写的 ERC721 标准创建，"ERC"代表"以太坊征求意见"。使用 ERC721 可以跟踪区块中单个代币的所有权和去向，这使链能够识别 NFT。基本上，NFT 协议提供了一个用于记录的底层分布式账本，并将其与交易相结合，使数字资产可以在网络中进行交换。

本质上，交易过程涉及两个角色：NFT 创作者或所有者和 NFT 购买者。NFT 所有者将作品中的原始数据数字化为正确的格式，并发送到 NFT 智能合约上。智能合约处理数据后，将其作为交易放在区块链上。当交易请求发出后，交易就会被广播到 P2P 网络的节点上。节点网络使用已知的算法验证交易数据，一旦数据得到确认，NFT 将和唯一的哈希值链接并产生一个新的区块。随后，新的区块会被加入已有的区块链中，被永久地记录下来且不可更改。购买者就可以获得他们喜欢的数字资产（见图 6.3）。

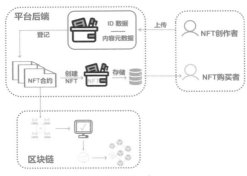

图6.3　NFT交易流程

6.1.4 NFT 与元宇宙

随着 NFT 的快速发展，数字资产在不断地发展完善。NFT 在元宇宙中作为规模庞大的数字资产的价值载体，可以预见它将成为构建元宇宙过程中的重要一环。

1. 开放公平的交易环境

通过 NFT，每个人都可以参与到元宇宙的建设中，并基于贡献的价值而获得奖励。这使 Play-to-Earn（P2E）的概念得以实现。元宇宙需要一个开放且公平的经济体系，NFT 是基于区块链的去中心化网络协议。此外，区块链固有的透明公开且可追溯的特性使得 NFT 成为构建数字金融体系的强有力的工具。

2. 身份及社交体验的延伸

NFT 还将在元宇宙的身份和社交体验中发挥不可或缺的作用。NFT 头像代表玩家的真实或想象的自我。玩家可以使用 NFT 头像作为访问社区的"身份"，以进入元宇宙并在不同区域之间移动。在这种情况下，NFT 化身充当了我们现实生活中身份的延伸，我们可以自由地在元宇宙中策划和构建自己的虚拟身份或购买头像 NFT。

创作或购买某些特定 NFT 的人群一定程度上有着相同的爱好，因此，NFT 可以帮助用户迅速找到兴趣相似的人，并构建自己的社群。此外，某些 NFT 持有者还享有独家权利，他们可以访问具有锁定内容甚至离线私人活动的封闭社区。这将极大提升参与者在元宇宙中的社交体验。

6.2 数字资产

随着比特币的诞生，区块链技术也进入大众的视野。经过十几年的发展，区块链技术日益成熟，数字货币市场规模不断扩大，为数字经济的蓬勃发展奠定了基础。数字资产作为大数据时代下的必然产物，已成为数字经济发展的一个重要内核，随着手机和电子钱包的日益普及，到 2025 年年底，预计全球近 60% 的人将使用数字资产。

6.2.1 数字资产的概念

目前，国内外对数字资产虽尚未有统一和明确的定义，但从 MBA 智库对"数字资产"的定义来看，数字资产是指企业拥有或控制的、以电子数据形式存在的、在日常生活中持有以备出售或处于生产过程中的非货币性资产，通常包括数据类资产、数字货币类资产和数字知识产权类资产（见图 6.4）。

图6.4　数字资产的分类

随着区块链等网络信息技术的发展，数字资产的规模增长速度将会更快。伴随着万物互联的加速，网络数据已不只属于网络虚拟空间，而是深深融入企业生产、家庭和个人生活的方方面面，数字资产所存在的场景与平台也愈加多样和丰富。

将目光聚焦于元宇宙中的数字资产，基于区块链技术的财富聚集和流转效应，现实生活中的大多数资产都可以往区块链上迁移，通过区块链技术数字化、加密化，最终在去中心化的、点对点的区块链网络中流通。因此，在元宇宙这样的人人参与的虚拟世界中，每一件物品都具有独一无二性，都能被唯一持有。

6.2.2 数字资产的价值

目前，我们生活中常见的数字资产种类繁多，《2020年中国游戏产业报告》显示，2020 年中国国内游戏市场实际营销总额已达 2786.87 亿元，同比增长 20.71%，游戏用户数量也保持稳定增长，规模已达 6.65 亿人，同比增长 3.7%。其中游戏装备或账号交易等数字资产交易规模超过 1000 亿元。虽然一些数字资产（比如社交账号、网络店铺等）的价值在注册之初并不明显，但经过使用者的经营，其影响范围或信誉等级等都会不同程度地转化成相应的市场价值。

随着加密货币作为一种有效的支付方式被更多人所接受，特斯拉、PayPal、Xbox 和亚马逊等公司正在推动数字资产的加速发展。人们在元宇宙拥有的物品、土地在不久的未来也将纳入人们的资产范围，因为它们也具备经济价值和精神价值。

1. 经济价值

数字资产本身具有经济价值。数字资产可以使流通性差的资产释放活力，从而整合各行业内的资产，让这些资产可以流通起来，产生更多价值。数字资产的价值主要体现在内部价值和外部价值两个方面。内部价值主要通过个人或企业等组织在生产生活运营中所产生的数据体现，如个人的长期消费数据或企业的生产经营数据等可以体现消费者偏好，可用来构建"消费者画像"，精准定位市场；外部价值主要是指基于已有数据的沉淀来开发新的商业模式，关联新的市场或进行风险评估等。

2. 精神价值

数字资产本身也具有精神价值。除了创造一定的经济价值之外，数字资产的存在也给现代人带来了不可或缺的精神慰藉，因为数据本身就是劳动的结晶，蕴含了公众的劳动成果与智慧。对于数字资产中的各类社交类账号而言更是如此，不管是微信朋友圈的日常分享，还是各类网络平台上的健康、运动和娱乐数据，都见证了每一个个体人生中的轨迹。特别是在信息化时代，人们在网络世界中倾注了大量的时间、金钱、劳动甚至感情，数字资产就是其在网络空间中留下的数字痕迹，这对于数字资产的拥有者或亲友来说都是珍贵的记忆，甚至可以作为一种"传家宝"

珍藏，对营造优良家风、延续家族灵魂有很好的作用。苹果于 2021 年 12 月 14 日正式推出"数字遗产"计划，用户可以设置五位数字遗产联系人，在手机持有人去世后，遗产联系人凭借死亡证明，有权访问手机持有人 Apple ID 中的所有数据。

6.2.3 数字资产的潜力

借助数字货币，数字资产在理论上可以相互兑换，被赋予了流动性。但在 NFT 虚拟资产借贷服务领域，还没有像 AAVE、Compound 这样具有一定规模的主流借贷平台来为 NFT 虚拟资产提供专业服务，这对持有者来说是流动性近乎为零的资产浪费，但从另一个角度来说，这也意味着目前处于沉睡状态的 NFT 虚拟资产存在着巨大潜力。元宇宙世界是一个去中心化的世界，它采用完全去中心化的模式，包括去中心化的交易平台、抵押贷款、借贷平台、杠杆交易、合成资产、预测市场以及支付网络等各种功能。结合智能合约的执行，宇宙资产有效规避了传统金融市场中一些由中心化因素所导致的潜在风险，这也解释了为何元宇宙资产能够释放流动性潜力。不过 NFT 资产的发展存在着瓶颈，NFT 本质上的不可分割性、唯一性和稀缺性特征，决定了 NFT 相较于代币资产的流动性较差，无法标准化、规模化和无差异化地完成资产交割，这也就导致 NFT 定价困难。定价困难以及复杂合约逻辑下操作成本高及性能低、以太坊生态的组合优势发挥受限、可抵押资产较少且抵押率过高等问题，都导致了在短时间内 NFT 无法形成成熟的质押借贷市场。

XCarnival 平台将抵押借贷引入元宇宙世界，成为元宇宙基础设施，再利用去中心化金融（DeFi）无边界、无许可及可组合的特点来解决元宇宙资产质押难的痛点。XCarnival 首版基于 BSC 链上部署研发，但是为了支持更多的用户和资产，之后有计划在以太坊或 ETHLayer 2、Solana 上推进研发，这一布局既兼顾了以太坊生态的优质资产、DeFi 可组合性与高性能和低 Gas 费用之间的平衡，也有效降低了公链生态的竞争淘汰风险。

NFT 作为抵押品，类似于艺术品交易。NFT 价值的高低需要由买卖双方经过博弈后才能最终确定。对此，XCarnival 选择搭建一个点对点的平台，让质押者和出资方进行"谈判"并最终达成协议，包括具体的 NFT 价格、还款时间和借贷利息，因为 NFT 相较同质化代币，不确定性更明显，需要买卖双方根据各自的主观判断、风险偏好，以及市场行情灵活议价，而非由平台为 NFT 定价。将时间作为唯一的清算条件，到了还款日期，抵押方还清贷款和利息后，便可取回对应的抵押元宇宙资产。如果到了还款日期，抵押者没有付清对应的贷款本息，那么抵押的元宇宙资产将会被拍卖。图 6.5 展示了 XCarnival 平台的拍卖流程，如果拍卖所得低于贷款金额，那么拍卖所得将全部归贷款方所有。相反，如果高于贷款所得，则贷款方收回贷款金额，溢价部分则由贷款方和平台分成。

图6.5 XCarnival平台拍卖流程

合成资产是与另一种标的资产具有相同价值的资产组合，投资者无须实际拥有资产，即可通过交易相应的合成资产获得收益。为了降低合成资产的参与门槛和解决当下NFT资产抵押借贷平台门槛高、流动性低、操作难等问题，XCarnival精准定位元宇宙资产抵押借贷的痛点和难点，设计了 XBroker、Megabox、XArena、XAdapter 四个组件来提供对多种资产的综合敞口，实现赋予元宇宙资产流动性的可能。图 6.6 展示了 XCarnival 平台及其各组件。

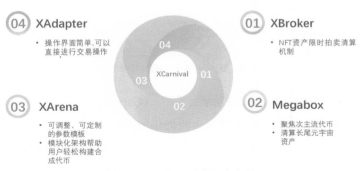

图6.6 XCarnival平台及各组件

Megabox 聚焦次主流代币抵押借贷，其独特的分池抵押率设置模型和风控体系可以有效地为持有各种长尾资产代币的用户提供流动性释放，扩大收益敞口。XBroker作为一个点对点的 NFT 借贷平台，在做市商机制下，通过做市商协调出质人和出借人，用户间可以协商利率和贷款金额并抵押自己的 NFT 资产来换取流动性贷款。借助抵押借款的方式，实现 NFT 资产限时拍卖清算，可以使更多流通性差的代币甚至无法直接定价的 NFT 被重新纳入 XCarnival 的元宇宙资产生态当中。图 6.7 展示了XCarnival 平台的风险规避流程，很像传统的当铺模式：如果到期归还金额本息则会归还抵押物，如果无法归还则会走拍卖流程。也就是说，只要借贷方在规定的时间内及时还清借款，就可以及时取回抵押物，反之平台会自动把抵押的 NFT 进行拍卖，并且整个过程都建立在抵押者和贷款方友好协商的基础上。

图6.7 XCarnival平台风险规避流程

随着 NFT 的蓬勃发展，作为 XCarnival 合成资产协议中重要组件之一的 XBroker 所提供的 NFT 抵押借贷功能在未来将发挥更大的作用。借助 XBroker 的模式，可以极大地提高 NFT 的流动性。同时，NFT 也会吸引更多的用户深度参与到内容创作与数字化交易的循环中去。这与元宇宙世界的底层逻辑高度相通。

6.3 元宇宙中起飞的虚拟地产

元宇宙火热的同时，站在区块链热点高涨的风口，元宇宙的虚拟地产也"飞"起来了。在现实世界中，房地产指的是由土地和建筑组成的财产，在历史上已经被证明是一个长期蓬勃发展的市场——取决于地理位置、政治和经济景观。

6.3.1 虚拟地产的概念

虚拟地产是指在元宇宙项目中基于区块链的 NFT 技术所创造出来的地产，它有数量上限和位置、大小等区别。购买者有真实所有权，在购买虚拟土地后，可以在上面建造房屋，展示自己的产品，开展商业和社交活动等，一如现实世界。虚拟地产的所有权是通过区块链土地账本记录的，证明相关地块数字资产的持有人，类似于"房产证"，全部信息存储在以太坊智能合约中，是不可替代、不可转移的数字资产。

在元宇宙中，玩家可以使用数字货币购买土地，然后根据自己的需求对土地进行开发，创建自己专属的内容和应用，比如打广告、举办活动等。土地在每一个平台中都是独一无二的，并被设计成可转让的 NFT 资产。虚拟地产项目的火爆吸引了众多名人，他们纷纷入手，新加坡歌手林俊杰在 Decentraland 平台购买了三块虚拟土地：Prime Gallery 1、Prime Gallery 2 和最靠近 GENESIS PLAZA 的地块（见图 6.8）。这三个地块是在 OpenSea NFT 市场上购买的，每个地块的价格为 6000 MANA（Decentraland 的加密货币），约 3 万美元（19 万人民币），三块虚拟土地共花费约 12.3 万美元。

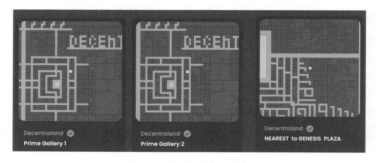

图6.8　林俊杰的虚拟房产

6.3.2　虚拟地产的估值

元宇宙地产与现实世界的地产是非常相似的，可供用户创建、投资、拥有、租赁、出售或购买，而不管是容纳企业，还是建立社交空间去举办活动等。地理位置和配套设施等都是影响元宇宙地产价格的因素（见图 6.9）。与此同时，地产价格会因为各元宇宙中实际环境和条件的差异，呈现出独特的选择逻辑。

元宇宙地产价格

图6.9 影响元宇宙地产价格的主要因素

大多数用户购买虚拟土地是出于投资需求，玩家在元宇宙中买下一处房产，进行装修、维护，待这所房产成为游戏中的稀缺"黄金地段"或"待开发房源"时，再以高出入手价的价格卖出，从中获利。加密游戏 *Axie Infinity* 中的一块"极其罕见"的虚拟土地（见图 6.10）曾以 550 以太坊的价格售出，价值超过 248 万美元，这是单块数字土地有史以来最大的一笔交易。超高价源于以下因素：稀缺性，《创世纪》的情节是游戏中最为罕见的情节之一，目前只有 220 个；加密资产具有不可替代的所有权。*Axie Infinity* 是一款 Play-to-Earn 游戏，玩家在游戏中收集并繁殖称为 Axie 的类似神奇宝贝的小生物，让它们相互争斗以获得平滑爱情药水（SLP）加密货币，游戏中的物品（包括地块和斧头）都由能够明确数字内容所有权的加密货币 NFT 表示。

但也有用户是因虚拟环境所带来的亲和力，为了满足精神需求而买下虚拟土地建自己的虚拟房屋、自我营销或展示 NFT 收藏以供用户参观和欣赏。还有一部分用户将元宇宙看作逃离现实世界的"桃花源"。出于各种原因，人们开始在虚拟世界寻求发展，越来越多的人开始探索数字世界，在元宇宙中实现精神满足和自我价值。随着人们购买虚拟世界中的土地和房产，虚拟地产开始蓬勃发展。2021 年 7 月 19 日至 25 日在上海举办的淘宝造物节活动会场中，一对 95 后情侣就买入了一套数字房产作为"婚房"。

图6.10　区块链游戏*Axie Infinity*中的创世地块

元宇宙带来的抢地热潮十分瞩目，其成交额在超过 200 万美元后仍在不断突破上限，这足以反映出全世界玩家在虚拟世界中体验购物、游玩和工作的高涨热情。可以说，在元宇宙买地就像在 19 世纪购买第五大道或创建罗迪欧大道一样，这意味着提前进入了有价值几万亿美元潜在商机的市场，增值潜力大到难以想象。

那么，虚拟地产如何进行估值呢？数字土地价值估计的指标与实体房地产市场使用的指标类似。现实世界中的地产会升值是因为它是有限的。在元宇宙中，也遵循着类似的原则，即稀缺性。Metaverse Group 在其网站上表示，沙盒中的土地是稀缺的，有 166 464 块地皮可供利用。每个基本单元的大小为 96 米 × 96 米。同样，Decentraland

由一个分散的自治组织管理，内含 90 601 块地块，但其中只有约 44 000 块地块能够供私人购买和销售。我们可以把 Decentraland 看作一个岛或社区，如果 Decentraland 要开放新的地产，必须获得所有货币持有者和地产持有者的同意，以保护持有者的价值、地产和货币不受损害。每块 Decentraland 地块都是一个 NFT，大小为 16 米 × 16 米。地块的价格以该平台的原生代币 MANA 计算。MANA 在 2021 年的价格已经飙升了 4300% 以上，交易价格为 3.41 美元左右。沙盒的 SAND 代币在 2021 年轰然上涨了近 14 000%，交易价格约为 5.15 美元。与所有加密货币一样，元宇宙币（Metaverse Coin）的币值并不稳定，会出现较大的价格波动。

投资公司在评估元宇宙中虚拟地产的价值时参照"comps"（即可比性），在使用 OpenSea 和其他市场平台查看价格时，首先会考量它的定位、人流量以及收益。由于元宇宙地产尚存一些未知性，目前只能使用现实世界中的传统指标来确定元宇宙中的价格。元宇宙目前处于发展的初步阶段，进入元宇宙生活的人尚属少数，元宇宙月度活跃用户不多，月度活跃用户的多少不能指向什么结果，因此现实世界的一些指标，如人流量等，并不完全适用于元宇宙。衡量数字地产价值的另一个方法是跟踪社交媒体上关于元宇宙项目的早期反馈声音。如果使用群体有非常强的意愿在元宇宙购买土地并在此建造建筑物，说明他们在元宇宙中有事情可做、有人可互动、有各种地方可去，这足以证明元宇宙是一个有趣的新世界。

6.3.3 虚拟地产的大事件和经典项目

传统互联网巨头也在参与元宇宙项目。2021 年 7 月 22 日，Facebook 创始人马克·扎克伯格（Mark Zuckerberg）详细阐述了自己眼中的元宇宙，即通过 VR、AR 让人们体验到沉浸感和临场感，使社交互动方式更自然。预期在接下来的五年内，Facebook 将从人们眼中的一家社交媒体公司过渡到一家元宇宙公司。元宇宙的未来充满着各式各样的可能性，理解虚拟土地或许是迈入元宇宙世界的第一步。

在 Decentraland，一块 NFT 形式的虚拟土地以超过 90 万美元的价格售出；佳士得以 6900 万美元出售了 Beeple 的 NFT 数码艺术品；世界上第一个在 NFT 市场出售的虚拟房屋是 Mars House，它以 51.2 万美元的价格售出；Cryptovoxels 上一块名为"9 Robotis Route"的土地的初始价格为 101.2 美元，目前售价已经达到 9570.8 美元，该土地只进行了 3 次转售，售价便已达到 93 倍涨幅；艺术家黄河山发行的 310 套数字房产 NFT 两天内售罄，总计销售 36 万余元。Nonfungible 网站的数据显示，Decentraland、The Sandbox 中的虚拟土地分别以超 6600 万美元和 3100 万美元位居前 10。目前虚拟世界的地产项目包括 The Sandbox、Decentraland、Cryptovoxels、Dream Card、Roblox、Axie Infinity 和 Somnium Space 等，其中 The Sandbox、Decentraland、Cryptovoxels 最为成熟。

1. The Sandbox

The Sandbox（见图 6.11）致力于构建富有吸引力的虚拟游戏世界，它是一个基于区块链技术开发的虚拟游戏生态系统，玩家可以在游戏中建立、拥有和赚取专属利益。The Sandbox 借助强大资本和与知名 IP 的持续合作，生态越发强大。The Sandbox 虚拟世界的每一块土地都可以视为一个小世界，一旦你购买了一块土地，你就拥有其完全的所有权和对其中所有东西的控制权。你不仅可以在土地上自由地发布、设计和运行自己的游戏，决定可以运行的游戏、游戏机制、可使用的资产，以及玩家是否可以加入等，还可以将土地租给游戏创作者来赚取收益。截至目前，The Sandbox 共有 12 750 种 NFT，其中实体类 501 个——价值通常在几十至几千美元波动，土地类 4635 个——价值几万甚至几百万美元。

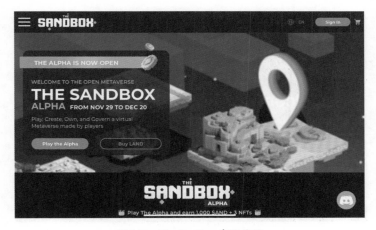

图6.11　The Sandbox官网首页

2. Decentraland

Decentraland 是一个在以太坊区块链上运行的虚拟现实（VR）平台（见图 6.12），用户可以在发布的平台上创建、体验或开发丰富的交互式 3D 内容。Decentraland 为用户提供对其自身数字空间、资产和体验的完全控制与所有权。其中，土地是最重要的价值载体，所有土地以及土地上的建筑物都由所有者永久持有，土地的价值会随人口、流量的涌入和商业密度的增加而提升。Decentraland 的土地被分割成地块（parcel），并用笛卡儿坐标 (x, y) 区分，可以用 MANA 购买。每块土地的 token 都包括坐标、所有者等信息。用户可以在自己的地块上建立从静态 3D 场景到交互式的应用或游戏等场景。一些地块被进一步组织成主题社区，成为共享空间。自 Decentraland 出现以来，共有 50 125 位用户，最多时有将近 4900 人同时在线。

图6.12 Decentraland官网首页

3. Cryptovoxels

Crypovoxels 被称为"区块链版《我的世界》"（见图 6.13），其简单的像素风格给玩家提供了一种室内的 3D 空间感，可以让用户在其中进行看展、线上聚会等活动，是一个完全开放的沙盒游戏，可以让用户在其中自由探索。用户在购买了价值不菲的 NFT 后，自然会有收集欲望和展示欲望，Cryptovoxels 为此探索了以下需求：将个人的加密 NFT 收藏在线上进行 3D 陈列、开放真人互动式的 VRchat 或音乐会、在自己的土地上进行自我创造、对稀缺土地进行投资等。Cryptovoxels 中的地块是城市生成器随机生成的——大小随机，该生成器也会创建街道。每个地块至少有两条街道，因此玩家可以自由地从一个地块走到另一个地块，互相交流并参观其他人的建筑。

图6.13 Cryptovoxels官网地块购买页面

4. Roblox

Roblox 被认为是元宇宙游戏的一个开山之作。它建立了一个非常开放的平台和创作的激励机制，是一个由玩家主导的去中心化的世界（见图 6.14）。在 Roblox 中，通过直观简洁的编辑工具 Studio，创作者便可参与游戏制作。它为创作者提供了丰富的角色定制系统、精致的人物建模和多元化的玩法匹配系统。通过降低内容创作门槛，Roblox 吸引了大批青少年。如今，Roblox 的全球月度活跃用户量已达到 9000 万，其中青少年开发者更是突破 500 万，线上由玩家和开发者创作的地图超过 4000 万款。Roblox 作为全球最大的互动社区之一及大型多人游戏创作平台，通过游戏将全世界用户连接在一起，让任何人都能探索全球社区开发者建立的数千万个沉浸式 3D 游戏，为用户提供了一个想象、创造以及与朋友同乐的空间。在 2021 年，Roblox 价值已上涨 9.35%，开盘价 78.85 美元，市值达到 453.51 亿美元。

图6.14　Roblox官网虚拟物品购买页面

5. Axie Infinity

Axie Infinity 是在以太坊区块链上构建的数字宠物世界（见图 6.15），其本质上是一款基于元宇宙概念的 NFT 游戏，任何人都可参与游戏，通过游戏中的战斗、繁殖等玩法赚取游戏代币进行消费或交易。随着 Axie Infinity 热度上升，目前其单日收入已突破 1200 万美元，日活跃用户破百万。游戏中的"小精灵"就是 Axie，每个 Axie 都是一个 NFT，Axie 不仅可以用来战斗，也可以在交易市场出售，还可以通过配对繁殖新的 Axie，新的 Axie 同样可用于战斗或者出售。Axie 的交易、繁殖需要和区块链交互。根据 Axie Infinity 官网 2022 年 1 月 14 日的数据，仅一天内，Axie Infinity 就出售了 36 384 个 Axie，销售额达 453 万美元。

图6.15　Axie Infinity官网虚拟物品交易实时数据

6.4　元宇宙与现实世界的资产关系

元宇宙究竟是什么样子的？从 Facebook 创始人扎克伯格的演讲来看，元宇宙与现实世界是相互映射的关系，现实世界以数位形式呈现的媒体（比如照片、影片、视频和游戏）既可以被带入元宇宙，又可以在实境中以全向投影的方式投射到元宇宙；虚拟世界的东西也能与现实世界有反向的挂钩。元宇宙本质上应该包含现实世界的吃、穿、住、行等各种行为，虽然它们是以一种游戏化的方式存在于虚拟世界中的，但的确是人们现实世界的一个映射。

6.4.1 元宇宙改变现实世界的商业模式

元宇宙将会赋能现实世界的所有行业，基于现有商业模式进行元宇宙化创新，推动价值链和产业链升级，用新技术、新理念创造新的商业模式、新的客户和新的市场；现实世界的多个领域也需要通过与元宇宙融合来进一步激发发展潜力，释放新的活力，尤其是某些行业或组织，如发展空间受限的企业、资源可复用的企业、现有产品和服务具备便捷数字化的企业、淘汰型行业、将会被 AI 淘汰的行业、周期性行业、轻资产行业等。元宇宙是现实世界与虚拟世界结合的一种场景，是与现实世界平行存在、相互连通、各自精彩的模拟世界。元宇宙不仅存在于线上，也存在于线下。未来，线上与线下、真实世界与模拟世界之间会无缝融合、有机连通。

短期内，元宇宙的突破口是游戏、社交与沉浸式内容。内容领域有望最先受益，因为元宇宙能够给用户带来沉浸式体验，显著提升用户的体验感。由于软硬件条件的制约，元宇宙的雏形初步出现在游戏领域。游戏本质是虚拟世界，并把现实世界中的人和事连接在了虚拟世界中，所以游戏可能就是元宇宙的初级形态。*LiveTopia* 是一个大型多人开放式角色扮演游戏（见图 6.16），玩家在游戏里拥有一个缤纷多彩的世界舞台，可以扮演任何自己喜欢的角色，与其他玩家一起体验丰富的生活并创造属于自己的故事。游戏里有逼真的城市系统，包括地铁、机场、公路、水族馆、公园等，玩家可以拥有一块属于自己的区域并在其中建造各种房子，另外还有不计其数的服装、道具、宠物、车辆甚至飞机和游轮等。目前，*LiveTopia* 在全球排行前十，已经获得全球用户的广泛认可，这也是世纪华通在元宇宙内容端做的有代表意义的一款产品。元宇宙初期会从线上起步，未来可能会通过创造各种线下沉浸式的体验把线上和线下的世界从局部打通逐渐转变为全面连通。现实世界、数字孪生世界与虚拟世界的融合会越来越紧密，甚至会进入一个现实世界与虚拟世界完全打通的状态。

图6.16 *元宇宙游戏LiveTopia*

6.4.2 元宇宙中的资产变现

如果说区块链为元宇宙的经济系统运行奠定了基础，那么其中的原生数字货币则承载着这个世界中价值转移的功能。数字货币实现了元宇宙与现实世界的物品买卖互通，可用来实现双方之间的价值交换。

元宇宙创造了一个闭环经济系统，任何与数据相关的微弱贡献均可以通过区块链技术溯源，配合原生数字货币作为激励，使整个数字世界的价值转移过程畅通无阻。目前已经布局的元宇宙完全满足了用户生产内容和使用数字货币交易虚拟商品的需求。玩家可以在虚拟世界中工作，通过各类资产赚取收入，虚拟资产可以相互兑换，成为玩家的收入来源。它不仅将虚拟资产与实际价值联系起来，而且还为虚拟世界中经济系统的运转、用户的身份和财产提供了规则载体。

如果说互联网构建了一个虚拟世界，那么元宇宙正是计算机技术所带来的虚拟世界继互联网之后的进一步发展。元宇宙与互联网世界的区别在于两个重大突破——体感技术和区块链技术，这标志着虚拟世界已经超越了我们熟悉的互联网世界，实现了飞跃式的进步。体感技术模糊了现实世界和虚拟世界之间的界限。区块链技术可以把过去难以确权的虚拟物品、数字资产等进行产权的明确，这是交换的基础，而交换是经济活跃的必经之路。区块链为虚拟世界的价值交换奠定了根基，健全而又透明的经济体系是确保元宇宙生态可以持续运转的前提条件。

参考文献

[1] CORNELIUS K. Betraying Blockchain: Accountability, Trans-

parency and Document Standards for Non-Fungible Tokens (NFTs) [J]. Information，2021, 12(9)：358.

[2] SHAHNAWAZ B. 金融服务机构要如何保护数字资产？[J]. 软件和集成电路 , 2021(11)：10-11.

[3] 一棵杨树 . 赋予元宇宙资产流动性，读懂 XCarnival 的 NFT 抵押借贷实验 [EB/OL]. (2021-10-14)[2021-12-20].https://new. qq.com/omn/20211014/20211014A0A55R00.html.

[4] WebX 实验室 . 一文读懂元宇宙资产抵押借贷平台「XCarnival」[EB/OL]. (2021-10-20)[2021-12-20]. https: //www. webxlab. net/ article/detail/Qv25413.ywL.

[5] 高少华 . 内容领域将最先受益"元宇宙"概念行业犹需跨越三重难点 [EB/OL]. (2021-09-17)[2021-12-20].http://news. xinhua08.com/a/20210917/2001573.shtml.

METAVERSE

07
第 7 章

元宇宙安全

　　安全是一种状态，即"不存在危险"，在现实世界中通常指人没有危险。在信息技术领域，安全的概念引申为信息安全，核心三要素为机密性、完整性和可用性（见图 7.1）。

1. 机密性

　　信息在未授权的情况下，不能以明文形式被他人获得。试想在 ATM 取款服务中，如果信息的机密性没有得到保护，交易信息就会被网络黑客窃听，黑客就可以知道用户的取款金额，从而进一步实施抢劫或诈骗。

图7.1　信息安全三要素

2. 完整性

信息如果被篡改，应该能够被立即发现。如果信息的完整性没有得到保护，那么在用户转账过程中，黑客就可以修改转账金额或者收款账户，从而欺骗银行系统，获取非法利益。

3. 可用性

在被授权访问的情况下，信息不会出现无法访问的情况。如果信息的可用性被破坏，用户可能无法取款或转账，从而妨碍用户紧急用款需求，影响银行服务质量。

信息安全的重要性不言而喻，"元宇宙"概念一经提出，其安全性就受到了业内的广泛关注，可以说元宇宙信息安全是元宇宙发展与繁荣的重要前提。元宇宙融合了虚拟世界和现实世界，并将现实世界中的各种元素映射到了数字化的虚拟世界中。在依托于数据的虚拟世界中，没有数据就没有一切，没有信息安全，元宇宙中的社会生产、生活就不能正常有序地进行。元宇宙目前还处于初始阶段，影响元宇宙信息安全的因素不仅包含技术风险，还包括个人、企业对数据风险的认知程度，因此建设数据安全治理基本框架、提高公众隐私保护意识对提升元宇宙安全至关重要，也是元宇宙能够顺利应用的重要一环。

7.1 元宇宙技术风险

近年来，随着科技的日益成熟，人们对元宇宙的概念逐渐有了更深入的了解。元宇宙并不是一种技术，而是多种技术的组合，包括 5G 技术、AR/VR 技术、云计算以及区块链技术等，可以说元宇宙的发展和繁荣离不开这些底层技术的支撑。元宇宙作为多种技术的组合体，也意味着其应用落地会面临更多、更突出、更复杂的安全挑战，5G 安全问题、AR/VR 安全问题、云计算安全问题以及区块链安全问题等也成为制约元宇宙发展的绊脚石（见图 7.2）。

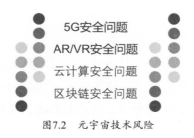

图7.2 元宇宙技术风险

7.1.1 元宇宙与 5G 安全问题

5G 的到来预示着万物互联时代的到来，5G 也成为元宇宙的重要网络技术设施，其广连接、大带宽和低延时的特点天然契合元宇宙对于随时随地登录、低延时极致体验的要求。伴随着虚拟现实技术的不断发展，5G 技术在游戏行业、电影行业、医疗行业、教育行业等将产生巨大的变革，在促进社会经济建设方面将发挥重要作用，与此同时，我们也要积极应对 5G 安全问题。

1. 5G 网络的安全挑战

5G 网络扩大了网络技术的应用范围，能够更好地应用于各种场景，但也对 5G 网络提出了更高的安全要求。一方面，大量资源需要与包括车联网、物联网以及智能家居设备在内的网络设备连接，由于网络数据体量庞大，信息在传输过程中容易出现错误，因此可能会影响用户安全；另一方面，基于 5G 网络技术的新业务、新架构、新技术也给 5G 网络带来了新的安全挑战，基于 NFV/SDN 的网络虚拟化、自动化和开源化使网络更灵活、敏捷，但也更容易遭受攻击。

2. 边缘计算的安全挑战

边缘计算乘着 5G 技术的东风，也越来越受到关注。边缘计算与云计算相对，指的是在靠近数据源的一侧提供计算服务。5G 网络虽然能够承载大量数据的传输，但瞬时海量数据传输可能会"打垮"5G 核心网络，存在数据传输失败的风险。边缘技术通过本地计算的方式降低了 5G 网络数据传输的压力，对 5G 网络的稳定性起到了积极的作用。一般来说，在边缘计算过程中，很多重要的数据都是本地获取、本地计算和本地存储的，可以有效提高计算的实时性，还可以降低网络传输过程中信息泄露的风险。但在具体应用场景中，5G 网络提供的安全策略不能覆盖周边的边缘计算环境，导致边缘计算附近的用户端口无法得到有效保护，存在被不法分子入侵网络的风险（见图 7.3）。而在元宇宙分布式世界中，为了保证用户体验，边缘计算可能是重要技术之一，因此边缘设备的安全性也会成为元宇宙安全的重要挑战之一。

图7.3 边缘计算的安全挑战

7.1.2 元宇宙与 AR/VR 安全问题

AR/VR 设备作为元宇宙未来的入口，通过与传感技术结合，给人类感官带来极致的体验，但同时新技术也带来了新的安全风险。

1. 视线追踪

为了向用户提供身临其境的体验，开发人员正在尝试收集越来越多的用户敏感数据（如视线追踪）来提高用户体验，方便动态聚焦或理解玩家的情绪。在元宇宙中，广告可以很容易地包含在 VR 游戏中，通过追踪用户眼球转动以及视线停留，广告商可以更准确地看到用户对广告的看法。通过这种方式，市场研究人员可以很容易并准确地看穿客户的想法。虽然从技术和用户体验方面来说，这种方式可能令人兴奋，但是如果被不当使用可能会令人恐惧。

2. 篡改现实

"眼见为实"一直是人们行为的重要指导。但是，通过虚拟现实技术，元宇宙用户可以改变自己在元宇宙中的外表，去除面部瑕疵，向其他用户展示更瘦的自己，电影供应商甚至将应用程序加载到智能眼镜平台上，让用户看起来像其他人——例如明星。虽然元宇宙目前还处于初级阶段，VR/AR 设备也还未受到消费者的青睐，但这并不意味着它们在未来不会受到普通消费者的关注。随着 VR/AR 技术的不断发展，这些可能会变得更加容易实现，并可能引发以上问题。

3. 身份造假

VR 设备中的运动跟踪传感器可以记录人的运动，VR 头显可以很好地记录个人面部动作，结合机器学习和人脸识别技术，使得计算机能够更加精准地操纵人们的声音、外表，从而制作看起来接近真实镜头下的图片或视频，以便让伪造的图像或视频看起来更加真实，甚至欺骗所有人。

在虚拟现实环境中，人们通过虚拟图像相互交流。VR 系统中的跟踪传感器将我们在现实生活中的手和头部运动转换为虚拟角色的运动。VR 设备正在收集越来越多的用户数据，以便提高用户体验，但一旦这些敏感数据落入坏人之手，身份造假将更加难以识别和应对。

7.1.3 元宇宙与云计算安全问题

如果没有先进的数字基础设施，元宇宙就只是一座美丽的"空中楼阁"。元宇宙的"沉浸式""低时延""随地"特性不仅对网络传输技术、VR/AR 技术提出了更高的要求，还依赖于高性能的云端计算能力和海量的数据存储能力。元宇宙本身需要的就是计算、存储以及人工智能技术等，而这些都离不开云计算。在元宇宙场景中，基于云计算的规模效应、高资源利用率，以及云计算自身的快速分布式网络连接、资源共享、弹性服务等特性将得到进一步展示。

云计算作为未来元宇宙的数据存储中心和数据处理中心，云安全漏洞也是元宇宙要面临的重大安全挑战，需要云服务提供商和云客户合力解决。为了明确用户最关注的云安全问题，云安全联盟（Cloud Security Alliance，CSA）对行业安全专家进行了一项调查，就云计算中最重大的安全性问题收集专业意见，深度发掘主要的云安全问题及同样也是元宇宙领域需要关注的安全问题（见图 7.4）。下面简单介绍其中的几个问题。

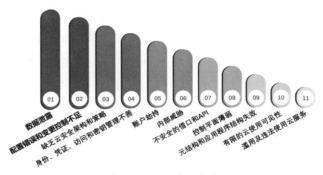

图7.4　CSA云安全威胁

1. 数据泄露

近几年，数据泄露问题一直是排名靠前的云安全威胁，不仅引起了普通用户的担忧，对于企业客户来说，如果业务数据被泄露还可能会严重损害公司的声誉和财务。

2. 缺乏云安全架构和策略

随着企业数字化转型趋势的发展，越来越多的企业选择将自己的 IT 系统和数据迁移上云。对于许多公司来说，迁移的效率以及迁移后系统的可用性比安全性更重要。因此，企业在最开始往往不会考虑云安全问题，这也导致数据迁移上云后，容易成为被黑客攻击的目标。

3. 身份、凭证、访问和密钥管理不善

在云计算环境中，企业需要改变与身份和访问管理有关的做法，应根据业务需要采取最小特权原则进行账户权限分配，通过向员工分配子账户并绑定必要权限进行细粒度的权限管控。

4. 账户劫持

攻击者通过入侵云服务等手段窃取账户，一旦合法账户被窃取，攻击者可能会破坏企业的重要数据等。攻击者还可能通过高仿真钓鱼网站恶意获取用户的云账号，因此用户通过互联网访问云计算服务时，需要格外留心。

7.1.4　元宇宙与区块链安全问题

区块链被认为是价值互联网的"基础设施"，发展至今已有十几年，诞生了像比特币、以太坊等万亿市值的加密数字货币，基于区块链技术的数字货币和数字货币经济体系已进入大众视野。2021 年，NFT 在数字艺术品领域大放异彩。Facebook 在 2019 年就发布了 Libra 白皮书，入局区块链领域，而在 2021 年扎克伯格宣布将 Facebook 更名为 Meta，全面拥抱元宇宙，致力于打造世界一流的元宇宙企业。正是有了前期区块链的布局，Facebook 才会如此果断地投入元宇宙的怀抱。

区块链技术融合了密码学、经济学、社会学，通过对每个区块中的信息进行加密，保证区块中储存的信息数据不可伪造和篡改，以一种去中心化和去信任的方式实现多方共同维护。区块链技术的不断成熟为元宇宙提供了价值网络，架起了现实世界和虚拟世界之间的桥梁。追寻 Facebook 的足迹，我们可以看出区块链技术很可能会成为元宇宙重要的"基础设施"。但区块链技术仍面临着各种各样的安全风险，比如交易所安全、钱包安全、智能合约漏洞、算力攻击（见图 7.5）等问题。随着区块链各种应用的落地，区块链数字资产引发的安全问题总体呈上升趋势，盗币、诈骗、非法集资、洗钱等案件频发。基于区块链技术的应用，DEFI、NFT 安全事件也时有发生，区块链上的数字资产已成为黑客和网络犯罪分子攻击的目标。

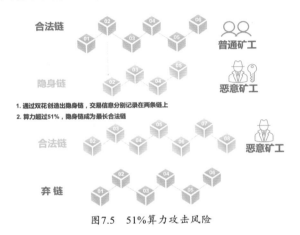

图7.5　51%算力攻击风险

1. 交易所安全

近几年来，交易所安全事件不断攀升。2019 年因为交易所被入侵，黑客非法获取上亿美元数字资产，被攻击的交易所除了地方小交易所外，还包括全球头部交易所 Binance。2020 年被攻击的交易所进一步增多，损失金额扩大，甚至有部分交易所因为数字货币被盗，无法支持用户提币，而出现"跑路"现象。

2. 钱包安全

区块链系统的安全性极度依赖于密码技术，虽然区块链被吹捧为几乎"不可破解"，但我们需要注意到，任何安全问题都不可能仅仅通过技术解决。区块链系统中的用户数字资产（包括数字货币、NFT 等）通过钱包私钥来保护，只有通过用户本地钱包私钥签名才能实现数字资产的流通和授权。在实际应用中，大多数区块链用户端钱包的安全性要差得多，助记词以及私钥文件存在被黑客窃取的风险，为了促进区块链的易用性，部分在线钱包存在托管用户私钥的现象，风险也更加集中化，有些交易所甚至明文存储用户私钥，如果用户将密钥存储在这类不安全的平台上，黑客就可以轻松地获得它们。钱包安全，或者说用户私钥安全，也是区块链安全性需要思考的主要问题之一。

3. 智能合约漏洞

虽然区块链历来用于加密货币交易，但智能合约提供了更广阔的应用空间，也被越来越多地用于其他领域。问题在于智能合约 Dapp 所使用的编码往往未经测试且具有高度实验性，主流平台以太坊、EOS 以及波场等公链都曾因为智能合约存在漏洞而损失惨重（见图 7.6），最出名的当属 2016 年以太坊 The DAO 事件，该智能合约漏洞也引起了以太坊分叉，虽然通过分叉方式临时解决了该安全事件，但对以太坊社区造成了很大的负面影响。

4. 网络拥堵

区块链承载了个人数字资产，安全性居于首位。根据区块链"不可能三角"（见图 7.7），在保证安全性和可扩展性的前提下，区块链性能比较低下，这一点一直被用户诉病。随着区块链之上的 Dapp 激增以及 Dapp 复杂性增加，大量区块链交易将会造成网络拥堵，甚至出现区块链服务不可用问题。

图7.6　智能合约安全事件例子

图7.7　区块链"不可能三角"

7.2　元宇宙数据风险

除了技术风险外，元宇宙也存在数据风险，在复杂、融合的元宇宙愿景成为现实之前，我们必须面对数据风险这个棘手的问题。对于用户来说，存在数据风险可能意味着侵犯个人隐私、潜在的身份盗用和其他类型的欺诈。未能将元宇宙中的数据保护和隐私权考虑在内的企业可能因数据被盗等原因面临重罚，甚至陷入舆论风波，从而导致用户流失。

7.2.1　元宇宙中的数据

在阐述元宇宙数据（见图 7.8）之前，我们首先要理解什么是数据及其与信息的关系。数据是反映客观事物属性的记录，是信息的具体表现形式。数据经过加工处理之后，就成为信息，而信息需要经过数字化转变才能存储和传输。信息和数据密不可分。互联网世界充斥着数据，可以说整个互联网的发展就是一个不断优化的数据收集、传输、存储和处理的过程。元宇宙被许多人认为是"互联网 4.0"，它集聚了大量数据，也将数据的应用推广到了全新的领域，进一步扩展了大数据的规模性、多样性、高速性以及价值性四个维度。

图7.8　元宇宙中的数据

在元宇宙中，数据有各种各样的表现形式，用户虚拟身份、聊天记录、社交记录、生物特征是数据；文字、音频以及视频是数据；虚拟地产、普通道路、山川河流也是数据。元宇宙作为数字化技术发展的产物，数据自然而然成为其最重要的组成要素，研究元宇宙中数据的种类，对元宇宙中数据的风险认识和数据安全保护具有积极作用。

1. 个人数据

根据《中华人民共和国个人信息保护法》，个人信息是以电子或者其他方式记录的与已识别或者可识别的自然人有关的各种信息，不包括匿名化处理后的信息，例如指纹、虹膜、基因等生物信息，个人资产、银行账号等资产信息，以及行动轨迹、社交记录、个人邮件等涉及隐私的信息。

在元宇宙中，用户登录元宇宙应用首先需要注册，主动提供部分个人信息，如姓名、手机号码、邮箱等；用户购买虚拟商品需要绑定现实世界的银行账号或第三方支付账号；用户打开虚拟门禁可能会用到人脸、指纹等生物特征数据。

此外，元宇宙中的用户通过参与各种虚拟活动动态产生新数据，如运动轨迹记录、聊天记录、购物记录等。用户还可能将现实世界的已有数据带入元宇宙，在现实世界中人们拥有的合法私有资产，如房产、车等实体资产及文章、音乐、视频等虚拟资产，都可能会转变为数字化资产映射到元宇宙中，并进行数字化资产交易。用户在元宇宙中可以通过数字化身份参与创造活动，创造数字化资产、NFT 以及文艺作品等。

2. 虚拟环境和场景化数据

像现实世界一样，元宇宙中存在着各种虚拟化基础设施，如果说现实世界构建于钢筋混凝土之上，那么可以说元宇宙就是构建在数据之上。元宇宙中的数据除了个人数据之外，还有用来构建虚拟环境和虚拟场景的数据。在城市交通场景中，元宇宙通过数字孪生以及机器学习技术，以大量真实的交通数据生成高真实度的虚实结合的交通流，进行城市交通路线规划的预测、推演和验证。在文旅场景中，元宇宙虚拟世界景区与现实世界景区一致，可以实时展现 3D 景区场景，包括对实体景区中各种设施、自然景观等各类数据的集中展示与管理，甚至可以模拟已经被损坏的人文景观等，让用户有更好的文旅体验。元宇宙中的数字化虚拟环境和场景众多，现实世界的教育场景、客服场景、电商场景、泛娱乐场景、金融场景等都可能在元宇宙中再现，并提供不一样的体验。

7.2.2 元宇宙数据安全

随着各行业加速数字化转型，数据的价值进一步凸显。近几年，数据安全事件频发，根据行业划分，过去 3 年国内外公开报道的数据安全事件占比统计如图 7.9 所示。

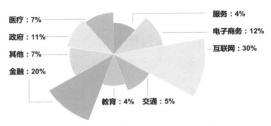

图7.9 近3年各行业数据安全事件占比

1. 互联网成为发生数据安全事件的重灾区

从图 7.9 中可以看到，近 3 年来，互联网行业出现的数据安全事件最多，占比达到了 30%。2018 年，Facebook 未经许可将用户个人信息公开给剑桥大学分析使用，引起轩然大波。2020 年 3 月，有用户发现暗网有人出售 5.38 亿条微博用户信息，其中 1.72 亿条涉及个人敏感信息，包括性别、地理位置等。

2. 金融行业安全事件频发

近 3 年，金融行业安全事件频发，数量仅次于互联网行业，占比 20%。金融是现代经济的重要组成部分，金融监管部门对于金融行业数据应用的安全性与合规性监管也在逐步加强，金融行业数据安全事件多由内部人员违规引起，恶意内部员工是最大的安全威胁。2017 年 3 月，某行长将非法获取的某小区业主财产信息提供给他人用于招揽业务。2020 年 4 月，有媒体报道，某商业银行有内部工作人员违规泄露客户信息。

3. 数据安全事件涉及各行各业

除了互联网和金融行业外，电子商务、政府机构以及服务业等都不同程度地出现过数据安全问题。通过分析我们可以发现，数据安全事件发生较多的行业具有用户流量大、数据价值高、网络开放程度高的特点。

4. 元宇宙将面临更广泛的数据安全问题

元宇宙基于互联网，可能覆盖各行各业，在数据量和数据价值两方面远远超过当前的互联网 3.0。国内互联网巨头腾讯、字节跳动、百度等纷纷踏足元宇宙；韩国政府主导将首尔市移植在元宇宙中，通过元宇宙虚拟形象为公众提供可视化服务；Facebook、微软等国外科技公司也制定了元宇宙的战略发展计划。未来元宇宙将融合各行各业，涉及互联网、金融、政务等行业，需要面对更加复杂的虚拟环境以及更广泛的数据安全问题。

7.2.3 数据安全保护现状

1. 数据安全的基本概念

《中华人民共和国数据安全法》第三条规定："数据安全，是指通过采取必要措施，确保数据处于有效保护和合法利用的状态，以及具备保障持续安全状态的能力。"从数据安全的定义可知，数据安全是一个综合的概念，涉及数据整个生命周期，包括采集、传输、存储、处理、交换和销毁阶段，在该生命周期中需要持续保证数据的安全状态，保证数据的机密性、完整性以及可用性。

随着数字经济的繁荣发展和新技术的广泛应用，数字技术已渗透到国家政治、经济和军事等领域。数据安全法律法规作为基础性法律，是维护国家安全、维护人民群众合法权益以及促进数字经济健康发展的重要举措。数据是驱动元宇宙发展的关键，那么数据安全问题也成了掣肘其发展的一大因素。目前，专门针对元宇宙数据安全的法律法规还未出台，但当前的法律法规为解决元宇宙中的数据安全问题提供了重要指导。

2. 国内的数据安全保护措施

近年来，随着企业、个人以及国家对数据安全越来越重视，我国陆续制定了数据安全相关的法律法规（见图 7.10），对元宇宙数据安全具有重要的指导意义。

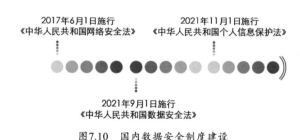

图7.10　国内数据安全制度建设

1）2017 年 6 月 1 日施行的《中华人民共和国网络安全法》强调了对基础设施及个人信息的保护，提出最少够用的管理原则，增设数据泄露通知、个人删除权等规定，并对个人信息做出了境内存储及出境评估的规定。

2）2021 年 9 月 1 日施行的《中华人民共和国数据安全法》是数据安全管理的基本法律，重点关注了数据安全保护和监管，为规范网络空间不同主体的行为提供了法律依据。

3）2021 年 11 月 1 日施行的《中华人民共和国个人信息保护法》的目的是规范并促进个人信息的合理利用。

3. 国外的数据安全保护措施

以美国、欧盟为代表的西方国家和组织相继推出了各自具有不同侧重点的法律法规和配套措施（见图 7.11）。

《非个人数据自由流动条例》
2018年10月4日欧洲议会投票通过

《通用数据保护条例》　　　　《2018加州消费者隐私法案》
2018年5月25日实施　　　　　2020年1月1日实施

图7.11　国外数据安全制度建设

欧盟的数据安全立法无论是在立法时间还是立法系统性上都处于全球领先位置，其中《通用数据保护条例》（简称 GDPR）于 2018 年 5 月 25 日正式实施，是欧盟最具代表性的数据安全立法，条例强化数据主体权力并完善了相关机制。对非欧洲科技巨头形成制约和监管，有利于对元宇宙等平台公司的数据管理起到监管作用；GDPR 强化了数据主体的被遗忘权、数据可携权、限制特定处理权、撤销同意处理权，有效保护了元宇宙用户的个人隐私信息。

2018 年 10 月 4 日欧洲议会投票通过了《非个人数据自由流动条例》，条例明确指出"非个人数据"的内涵，确保非个人数据的跨境自由流动，是已有个人数据法的有效补充。该条例有利于规范元宇宙企业对非个人数据的利用，以便提供更好的元宇宙虚拟体验。

美国于 2020 年 1 月 1 日实施《2018 加州消费者隐私法案》，该法案更倾向于利益导向的数据治理模式，建立了个人信息保护统一标准。该法案借鉴了《通用数据保护条例》模式，在密切关注各产业利益的同时，将个人数据的控制权充分放给消费者，明确了个人信息、数据主体、数据控制者等概念；强调了个人对信息的控制权，包括访问权、知情权、删除权等；对违规行为设定了较重的处罚。

4. 数据安全任重道远

虽然数据安全法律法规在不断完善，但保护工作仍然不足，如果不能有效解决数据安全问题，元宇宙的落地之途将布满荆棘。

伴随着新技术、新架构和新应用的不断更新，新的数据安全风险层出不穷，数据泄露事件呈逐年上升趋势。近年来，数字化技术已经渗透到各行各业，如在线教育、在线医疗、互联网金融等，大量敏感数据在网络上流动，一旦泄露，将对个人隐私造成较大的侵害。

数据安全法律法规实施方案有待摸索。尽管各国已经陆续推出了数据安全相关的法律法规，但具体实施工作仍然面临考验，数据安全监管技术仍有待摸索。由于元宇宙具有高度的开放性和交互性，未来元宇宙可能并不仅仅局限于某个或某些国家，而是全球化的。元宇宙数据的全球化可能会引起各国家、各地域的数据安全法规冲突问题。

7.3 元宇宙数据安全治理

2017 年，Gartner 提出了数据安全治理的基本定义，指出："数据安全治理绝不仅是一套用工具组合而成的产品级解决方案，而是从决策层到技术层，从管理制度到工具支撑，自上而下贯穿整个组织架构的完整链条。组织内的各个层级需要对数据安全治理的目标和宗旨达成共识，确保采取合理和适当的措施，以最有效的方式保护信息资源。"元宇宙构建于数据，企业端数据安全治理对于元宇宙落地有积极作用，元宇宙用户也应主动参与到个人数据安全与隐私保护的行动中。

7.3.1 数据安全治理框架

数据安全治理以人和数据为中心，专注于数据的全生命周期安全，涉及数据、业务、安全、技术、管理等多个方面。由于元宇宙涉及新的应用场景，因此给数据安全治理带来了更大的挑战，但元宇宙数据安全治理的目标不变。数据安全治理本质上是保障数据资产价值，让数据更安全，保证数据机密性、完整性和可用性。

元宇宙的繁荣发展以及众多用户的参与导致数据量急剧增长，企业数据面临复杂的暴露风险和扩散滥用风险。在构建元宇宙平台或应用前，需要制定相应的数据安全治理规划，从相关人员管理和技术两个方面展开。元宇宙数据安全治理要对数据进行分类分级，针对不同的数据采取不同的安全保护措施，以便在数据安全保护和数据合法利用之间找到平衡点。数据基础安全不仅在数据分类分级上对数据安全提出了要求，同时在合规管理、数据鉴别与访问、监控与审计以及安全事件应急等方面提出了要求。

数据安全遵循"木桶原理"，因此需要保证数据全生命周期的安全，而不是某个环节的安全。数据安全生命周期包括采集安全、传输安全、存储安全、处理安全、交换安全、销毁安全6个主要环节（见图7.12）。

图7.12　数据安全治理基本框架

1. 采集安全

元宇宙动态连接了虚拟世界和现实世界，其数据采集端不仅包含 VR/AR 设备，还包含众多的物联网设备。采集终端体量大、种类多、数据源众多，数据采集范围大，在采集过程中容易受到黑客的攻击。同时，到目前为止很难单独从技术上解决数据源真实性问题，因此在结合密码技术保证采集数据的完整性的同时，还需要配合监控、监测以及人工审查机制将引入脏数据的概率降低，防止黑客篡改数据，避免导致元宇宙安全问题。

2. 传输安全

元宇宙作为开放网络，用户将通过虚拟现实设备接入虚拟世界中并与其他用户进行交流，与虚拟商家进行交易等，这些都会涉及数据的传输。目前数据传输在技术上相对较成熟，通过 SSL 网络安全传输协议可以保证数据在传输过程中的机密性、完整性以及可用性，通过数据泄露防护技术、大数据分析技术等可以进一步提高发现和阻止数据泄露的可能性，有效实现数据传输的安全。

3. 存储安全

元宇宙中流动着大量的用户敏感数据，这些数据如果被黑客窃取，很可能会对用户的合法权益造成严重损害。近年来，数据安全存储越来越成熟，表现为：一方面，针对敏感数据通过密码技术进行加密处理，防止黑客直接窃取用户的明文敏感个人信息；另一方面，分布式存储的兴起、备份与恢复机制的完善等技术红利可以有效应用于元宇宙，保证数据的可用性和容灾恢复。

4. 处理安全

数据只有流动起来才能体现其价值，元宇宙虚拟世界有效融合各行各业，多维度、大体量的数据可以有效地用于机器学习模型的训练，反过来促进元宇宙虚拟场景的优化。随着联邦学习、安全多方计算以及全同态加密技术的发展，隐私计算成为可能。

5. 交换安全

频繁的数据交换带来的是交错复杂的数据流动路径，数据不再是单向流动的，也不再限于在单一系统内部流转。数据可以无成本复制和共享，随着数据共享频率增大，数据将更难以追踪。

6. 销毁安全

数据销毁指通过各种技术手段将存储的数据彻底删除，保证数据不被恢复，以达到保护关键数据的目的。元宇宙各企业在合规有效利用数据、共享数据的同时，应做好关联企业管理，在数据所有方授权的情况下，采取正确的方式销毁数据。

7.3.2　元宇宙个人隐私保护

除了企业数据安全治理外，个人在与元宇宙交互的过程中，也应时刻注意保护自身隐私。

1）**不要透露不必要的敏感信息**：不要分享你实际上不需要的任何东西，例如，除非你真的在购买东西，否则不要分享你的付款信息等。

2）**查看元宇宙平台隐私政策**：请尽最大努力了解你

创建账户的平台背后的公司如何存储你的数据，以及如何处理这些数据，这些材料可能非常冗长，但对于保护自身隐私至关重要。例如，是否与第三方共享你的数据？共享和收集什么样的数据？你对自己个人数据有哪些可操作性？

3）**确保安全地使用互联网**：在网络上保护自身身份和数据隐私的一种方法是使用 VPN 服务。此外，如果要加入 VR 和 AR 在线社区，请注意你最终访问的网站，以确保单击的每个链接都是安全的并且没有感染恶意软件。

可以肯定的是，元宇宙给我们带来了广阔的想象空间，未来也将在经济社会发展中发挥重要作用。然而，我们应该谨慎对待它可能带来的潜在危害，并时刻注意可能引起的数据安全问题和个人隐私泄露等风险。

参考文献

[1] 白璐. 信息系统安全等级保护物理安全测评方法研究 [J]. 信息网络安全，2011（12）：89-92.

[2] 季新生，黄开枝，金梁，等. 5G 安全技术研究综述 [J]. 移动通信，2019，43(1): 34-39.

[3] 徐蓉. 理解云计算漏洞 [J]. 网络安全技术与应用，2015（8）：79-80.

[4] 王冉晴，范伟. 云计算安全威胁研究初探 [J]. 保密科学技术，2015（4）：13-18.

[5] 冯登国，张敏，张妍，等. 云计算安全研究 [J]. 软件学报，2011，22 (1)：71-83.

[6] 斯雪明，徐蜜雪，苑超. 区块链安全研究综述 [J]. 密码学报，2018，5(5): 458-469.

[7] 张锋军，杨永刚，李庆华，等. 大数据安全研究综述 [J]. 通信技术，2020，53(5): 1063-1076.

[8] 王伟洁，周千荷. 国外数据安全保护的最新进展、特点及启示 [J]. 科技中国，2021（7）: 34-36.

08

第 8 章

元宇宙与法律

　　元宇宙是现实世界的映射，可覆盖的行业非常广泛。构建元宇宙并不是单纯地依靠一种技术，而是需要多种技术的协同，且需要把新技术融入各行各业，这就势必会有诸多问题。元宇宙被认为是下一场重大的技术革命，要构建一个全新的、有别于现实世界的虚拟空间，一些前瞻性研究是非常必要的，而如何构建新的秩序是我们要首先考虑的重要问题。在元宇宙发展到逐步走向成熟的过程中，身份诈骗、知识产权、监管审查、数据安全等一系列问题将随之产生，因此，如何防止和解决元宇宙所产生的法律问题具有应然性、必要性与紧迫性。为此，数字科技、数据、算法、交易、税收、物权等方面的立法、执法和司法均应及时跟进。本章将对元宇宙中面临的各种法律风险问题及元宇宙法律体系的形态进行探讨。

8.1 元宇宙的秩序

秩序的原意是指有条理、不混乱的情况，是"无序"的相对面。按照《辞海》的解释，"秩，常也；秩序，常度也，指人或事物所在的位置，含有整齐守规则之意"。从法理学角度来看，美国法学家博登海默认为，秩序意指在自然进程和社会进程中都存在着某种程度的一致性、连续性和确定性。

一般而言，秩序可以分为自然秩序和社会秩序。自然秩序由自然规律所支配，如日出日落、月亏月盈等；社会秩序由社会规则所构建和维系，是指人们在长期社会交往过程中形成相对稳定的关系模式、结构和状态。从目前市场推广舆论来看，元宇宙是客观存在的、开源的、动态演化的、以用户需求为导向的，本质上是一个人造的虚拟世界，其中将涉及多元社会关系、多主体参与、较长的运行链条以及风险阈值多元化。正因为是多元的社会关系，所以需要大面积的规则覆盖，甚至需要法律这一上层建筑的建设。

8.1.1 元宇宙的准入规则

1. 元宇宙中的虚拟身份对应的是现实个体

元宇宙是与虚拟世界相对应的现实概念，即反映现实世界但独立于现实世界的虚拟世界。首先，我们需要在元宇宙世界中创建自己的虚拟身份，并在这个区块链世界中不断积累人脉，社交，成长，积累财富。就像电影《头号玩家》中的场景一样，未来的某一天，我们可以随时随地改变身份，在现实世界和数字世界之间自由穿梭，在"元宇宙"中学习、工作、交友、购物、旅游。那么如何进入元宇宙平台呢？这是我们进入元宇宙的第一个问题。在现实生活中，每个人都有一张身份证可以证明自己的身份，所以我们可以依此来总结进入元宇宙所需的条件和限制。比如，在现实生活中，每当注册一个 App 时，都需要"验证和绑定手机号码"。这样的原则也可以应用于元宇宙的访问规则，即元宇宙中的虚拟身份可以对应个体，个体在元宇宙中的行为必须遵循元宇宙的不同规则（见图 8.1）。在元宇宙中进行各种活动时，活动的风险或成本可能会落在实际的个人身上。

图8.1 进入元宇宙：现实个人到虚拟个人的映射

2. 元宇宙规则的制定在于群体共识

元宇宙规则的制定需要元宇宙中每个主体的参与。从社会发展史来看，传统意义上的立法者往往是主权国家，然而在互联网时代，一些科技巨头也会影响规则的制定。

在元宇宙中，国家和科技巨头可能会影响元宇宙规则的制定，但可能没有一个主体对元宇宙规则的制定拥有绝对的权威。这样，元宇宙规则就有了更多的可能性，需要更多的个体参与。在元宇宙中，每个个体都可以是元规则的创造者，这也意味着元宇宙规则很可能是元宇宙中每个个体的共识。

元宇宙中人与人之间的身份互动才是真正的中心吸引力，身份互动首先在于对身份的认同。因此，任何能够提供元宇宙身份并制定元宇宙访问规则的人都可以提供元宇宙。想象一下，当身份开放时，每个自然人都可以以同一个身份共存，而当"蜘蛛侠"和"钢铁侠"可以共存于同一个场景时，我们可以认为这就是一个元宇宙。所以，对于元宇宙来说，一是通过创新素材获取身份，二是通过构建身份获取素材。两条路径相辅相成。

8.1.2 元宇宙的法律制定

1. 元宇宙中制定秩序的必要性

元宇宙无法创造一个和谐清晰的世界，不会导致规则与法律的消失，甚至可能需要法律来维持某种秩序。互联网出现后，我们看到，人类的法律制度在法律理论和司法实践方面仍在努力适应互联网时代。然而，随着AlphaGO的出现，智能科技对法律产生了冲击。如今，随着虚实结

合与元宇宙实践的发展，谁来制定它的规则？法律应该如
何为元宇宙的到来做好准备？

零碳元宇宙智库创始人陈序认为"元宇宙是一个数字世
界，人们可以参与其中并以数字身份生活"。随着人类公共传
播领域日益跨越国界，法律全球化或许会成为法律发展的基本
趋势。法律跨越国界，在世界范围内传播和流通，具体是指将
法律原则、法律概念、法律价值、法律制度、执法标准和原
则等各种法律要素在元宇宙平台内聚合，形成标准或模式。

2. 元宇宙去中心化的群体共识

元宇宙规则的形成主要依靠群体共识（见图 8.2），但也
需要充分考虑现实世界的规则。元宇宙是一个分布式的数字
世界，即去中心化的世界。在去中心化模型中，群体共识支
配着整个世界，即群体共识就是元宇宙规则。群体共识本身
也以分布式方式存在，没有主体可以控制群体共识。它可以
以任何理由建立，也可以一下子分散。维持群体共识模型存
在的基础是信用。就像国际法和行政法领域的"软法"概念
一样，元宇宙规则本身也是分布式的。最终，不会有永远适
用于元宇宙的规则，它随着群体共识的变化而变化。

图8.2　元宇宙去中心化的群体共识

3. 道德准则及法律底线

由于数字资产和身份认证的唯一性和高度交互性，我们需要在元宇宙中建立通用的法律规则。随着来自世界各地的参与者在元宇宙中开展业务和交易，侵犯他人权益的行为也悄然发生。建立相同的法律体系可以有效地制裁甚至阻止这种行为。确定一套约束机制，确保元宇宙安全稳定运行，明确元宇宙道德和法律标准，是元宇宙与现实世界良性互动、正反馈的必然要求。想象一下，如果一个在现实生活中犯了罪的卑鄙小人进入了元宇宙，他会改变吗？答案是不可能的。为了保证元宇宙的稳定运行，当道德准则不起作用时，作为最后一道防线的法律必须对其进行惩罚（见图 8.3）。

图8.3 元宇宙中的法律底线

法律全球化作为客观的历史进程，使国际和国内的法律规范很难分开，法之间的界限正在变得模糊。更何况在元宇宙这样统一的大平台之下，更应该遵守同样的规则与秩序。

8.2 元宇宙中的法律关系

法律关系是指法律规范在调整人们行为的过程中所形成的具有法律上权利义务形式的社会关系。就其主观形式特征而言，它属于上层建筑范畴；就其社会内容而言，它包括政治、经济、文化等各个领域的社会关系。其构成要素有三项：主体、内容、客体（见图 8.4）。

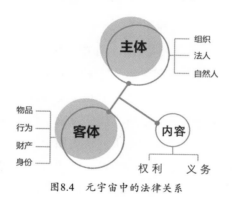

图8.4 元宇宙中的法律关系

人是元宇宙的主体，人的活动仍然要受到法律的规范，人基于自己的行为承担相应的责任，也应该承受相应的风险。人作为元宇宙中的主体存在时，其权利与义务所指向的对象、事务或标的就可以称为元宇宙中的法律客体。

8.2.1 元宇宙中的法律主体

1. 元宇宙的出现拓宽了法律主体的范围

元宇宙可以看作虚拟空间的小型社会，然而法律主体是有社会性的，法律关系主体的社会性是指法律规定谁可以成为法律关系的客体，不是任意的，而是由一定的物质生活条件决定的。人类生存空间从现实生活扩展到了元宇宙，为人类主体性的发展提供了新的领域。元宇宙中的主体可以通过技术与现实空间中的身体分离。元宇宙的虚拟性与现实身体之间的这种对应关系，无疑拓宽了人的主体性空间。

2. 元宇宙中的法律主体

元宇宙出现后，人类主体的存在具有二元性——"真我"和"网我"，从而将主客体融合的领域提升到一个新的高度。元宇宙的主体显然是网络平台上真实主体的体现。合格的真实主体构成合格的元宇宙主体的基础，但表现为无差别的电子数据并且难以识别他人。从表面上看，元宇宙主体在互联网上的民事和商事行为可能是代表主体进行的而非主体自身进行的。虚拟主体甚至可能拥有某些"资产"，例如元宇宙上的土地资产等虚拟商品。这些因素都可以成为主张元宇宙的主体应称为法律主体（见图 8.5）的理由。

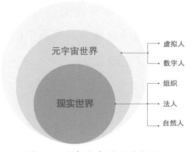

图8.5 元宇宙中的法律主体

元宇宙中的人与现实世界中的人有一定程度的独立性，并不是现实世界的完整再现。元宇宙实质上是独立于现实世界的虚拟世界。在元宇宙中，每个人的身份属性与现实世界的真实身份属性不同，通过这种虚拟的映射，人们可以在元宇宙世界中过上与现实生活截然不同的生活，实现身份异构化。事实上，元宇宙中所有真实的人在现实生活中都有自己的身份，这对应于元宇宙许多层面的映射。

在元宇宙中，人们的社会生活与现实社会中自己所拥有的真实身份进行的社会生活无关。简单来说，元宇宙中的人们有时仅仅存在于元宇宙中，有时则会从元宇宙中消失，回归现实生活。

8.2.2　元宇宙中的法律客体

法律关系的客体，又称权利客体，是指法律关系主体的权利和义务指向的客体。法定权利的客体包括物（金钱、有价证券）、其他财产（财产权）、工作和服务、信息、智力活动的结果（专有权——知识产权、非物质利益）。在现实生活中，由于人们有多种物质和精神需求，法律关系的目的也多种多样。在元宇宙中，权利的客体主要表现为虚拟财产，主要包括土地资产、游戏武器装备、智力成果、虚拟货币、虚拟商品等（见图 8.6）。

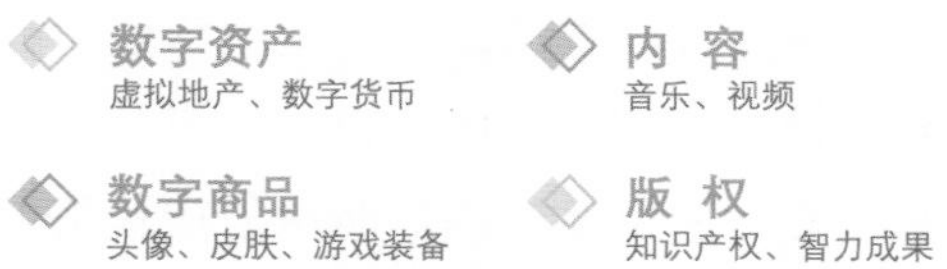

◆ **数字资产**
虚拟地产、数字货币

◆ **内　容**
音乐、视频

◆ **数字商品**
头像、皮肤、游戏装备

◆ **版　权**
知识产权、智力成果

图8.6　元宇宙中的法律客体

1. 元宇宙中的财产是客观的、有价值的

元宇宙的虚拟性、易存储性和大存储空间使传统的法律关系对象计算机化和虚拟化。随着网络空间的不断发展，人们的生活越来越便利，现实生活中现金的使用逐渐减少。随着移动支付公司的发展，有人（尤其是年轻人）可能很久没有用现金了。不仅市场交易中现金的使用率在下降，甚至在越来越多的劳动关系中，劳动报酬的形式随着网络空间的发展也发生了变化。如今，大多数雇主不再支付现金，而是将工资转入银行卡。人们依靠银行卡存款和取款，日常开支和商业交易则直接使用移动支付。劳动法律关系的客体从以前有形的东西——现金——变成了银行账户中的一串无形的数字。元宇宙的发展为社会发展创造了便利，也催生了一些新型的互联网虚拟财产（如比特币）以及以某些符号为对象的网络账户虚拟财产。但不可否认的是，虚拟财产在元宇宙中是真实的，可以发挥客观的作用。虚拟财产是网络空间法律关系中权利和义务的客体，是客观真实的客体，是有价值的客体。价值有两个专业概念：哲学价值和经济学价值。哲学范畴的价值是指客体可以给主体带来的利益。经济学中的价值也具有客体满足主体的含义。另外，它还包括产品或服务的总量。从技术上讲，它具有使用价值和交换价值。

通过分析我们可以看出，元宇宙中的虚拟财产是网络参与者投入大量时间和精力而获得的，因而可以获得极大意义上的满足感。这正是经济范畴中使用价值的含义。在元宇宙中，虚拟财产可用于交易和购买想要的物品，这正

是交换价值在经济学中的作用。

2. 虚拟财产受法律保护

2017 年 9 月 4 日，中国人民银行等七部门联合发布了《关于防范代币发行融资风险的公告》，其中比特币（BTC）、以太坊（ETH）等虚拟货币均被定义为虚拟商品，所以虚拟货币在法律性质上应属于广义的虚拟财产范畴。《民法典》第 127 条也做出明确规定："法律对数据、网络虚拟财产的保护有规定的，依照其规定。"

美国是一个典型的判例法国家。根据已决案的法院判决，只要案件的基本事实相同或相似，就必须以判例所定规则进行处理。美国对于"虚拟财产"概念的抽象，通过一个个司法判例，历经了一个从不认可到认可其财产权属性，再到扩大保护范围的过程。美国判例法中对虚拟财产权的讨论主要集中在电子邮件、网络域名、游戏中的虚拟对象等方面。这些案件首先出现在一些民事诉讼中，如"英特尔公司诉哈米迪案"（Intel Corp. v. Hamidi）和"大脚怪合伙有限公司诉华莱士案"（Bigfoot Partners Ltd. v. Wallace）等。在这些情况下，作为互联网虚拟产品的电子邮件被法院视为受财产法保护的私有财产，对于侵犯虚拟财产的行为，则主要通过侵权法制度进行保护。例如，在英特尔案中，法院裁定英特尔的邮件系统和员工邮箱为公司私有，被告的行为构成侵犯他人财产的行为。原告英特尔可以根据侵权法对哈米迪提起诉讼，禁止其侵权行为。除此之外，对于具有财产属性的计算机程序，美国将其纳入版权法的保护范围。例如，1997 年联邦政府颁布的《电子盗窃禁止法》（No Electronic Theft Act）规定，任何利用电子手段侵犯著作权以获得金融收益的行为，都构成侵犯版权犯罪（见图 8.7）。

图8.7　保护虚拟财产的相关法律及案例

3. 虚拟客体的所有权属性和设置权限是元宇宙的重要问题

元宇宙中几乎所有对象都是新创建的，同时它们都是虚拟的。与传统现实社会的产权不同，即使在初始阶段，元宇宙物体也不会通过占有来主张所有权。

无论虚拟元宇宙是否具有物的属性，元宇宙在创建时就已存在。元宇宙的主体只是一个数据所有者，从数据中衍生出来的虚拟元素极有可能不是真正属于他的。与某些游戏中的装备非常相似，一个玩家的装备转移不会将数据或代码转移给另一个玩家，而是添加与该代码或数据对应的属性符号。另外，元宇宙的某些元素可能是纯算法重复的产物，即可以低成本复制，这部分元素的专有性质可能有待商榷。现在的主要问题是，当物品在元宇宙中被认为有价值，而在现实世界的估价中不应该被认为有价值时，应该如何对待它？

因此，元宇宙中的虚拟对象面临两个问题：一个是虚拟属性的范围，即应该用什么标准来评估虚拟对象是否有虚拟属性；另一个是虚拟对象的所有权与占有者的关系，即如何确定元宇宙中的所有权。

对于上述两个问题，我们可以借鉴 NFT 的处理逻辑。第 6 章中已经介绍了 NFT，它是一种存储在区块链上的数据块。NFT 被记录在区块链里，不能被复制、替代、分割，是用于检验特定数字资产真实性和所有权的唯一凭证。因此，我们可以使用 NFT 来证明数字资产的所有者的身份。相信在未来，基于区块链技术的 NFT 会对元宇宙中的虚拟财产系统的发展和完善产生重大影响。

8.2.3 元宇宙中的法律权利与法律义务

1. 法律权利与法律义务是统一的、不可分离的

数百年前，马克思揭示了权利与义务的本质关系：权利与义务是一对相辅相成的概念。因此，本章不再分别讨论"法律权利"和"法律义务"。权利和义务是一对相互依存的概念，不可能有权利摆脱义务单独存在，也不可能有义务存在而没有权利作为回报。

元宇宙活动的参与者似乎认为，在网络空间中行使某种权利并不需要履行与之对应的义务。盲目行使法律规定的权利，不履行法律规定的义务，是网络空间的一种义务滥用。与滥用义务相对的是义务的合法性，滥用义务的后果是权利也会处于不恰当的状态，同时这会造成权利的丧失。对于主体而言，可以行使的权利范围越来越小。

2. 元宇宙空间中人们的自由度达到了前所未有的高度

元宇宙空间比现实社会更容易陷入不适当义务的困境，

因为在虚拟空间中，人们可以从事各种活动，采取各种行为。在虚拟技术的帮助下，设备背后操纵网络的人将在网络空间释放出他们心中各种隐藏和压抑的欲望。

3. 元宇宙中活动也是其背后的人类有意和有意识的活动

简而言之，元宇宙不是一个可以放任自由的地方，也有权利和义务。不同于现实社会，元宇宙的社会形态打破了现实社会中时间和空间的限制。然而，并非所有元宇宙中的活动都是自发发生的，它们也是其背后的人类有意和有意识的活动。基于这一属性，现实社会的治理规则同样适用于元宇宙，元宇宙也需要一定程度的"法律权利"和"法律义务"。

8.3　元宇宙的法律制定、实施与执行

在元宇宙中，人类的意识得到了极大的扩展，同时，元宇宙中的虚拟人之间也形成了新的社会关系和情感联系，他们在虚拟空间中获得的生活和情感体验可以带到现实世界中。现实与虚拟之间高频率的实时交互，可能会导致传统社会科学体系的突破与重新构造，也将推动元宇宙的自然科学体系研究范式的出现，引发对元宇宙虚拟世界的运行规则的深入探讨。在元宇宙的发展过程中，传统的法律观念可能被改变甚至被颠覆。

首先，法律是具有普遍规范的社会规则。元宇宙的社会规则由社会群体的共识决定，这样就可能导致不同国家

文化的侵袭和价值错位。随着元宇宙的不断发展，越来越多的人进入元宇宙，他们的价值取向、文明规则该如何设计？谁来维护这些秩序和规则？当社会出现混乱时，法律就应当且必须被制定出来。

法律会研究平等、公正和正义等，这并不简单。法国作家阿纳托尔·法郎士说，"在其崇高的平等之下，法律同时禁止富人和穷人睡在桥下、上街乞讨和偷面包。"

8.3.1　法律制定——立法

1. 认清元宇宙的虚拟性是立法的前提

元宇宙空间表现出虚拟性、完整性、物理性、人工创造性等诸多属性，但归根结底，最基本的属性是虚拟性。元宇宙空间既不是自治的空间，也不是超然的形而上学空间，而是国家和社会框架之外的第三个空间。

2. 三个层次：物理层、逻辑层与虚拟层

从技术角度看，元宇宙空间由三层组成（见图 8.8）。下层是由网络基础设施组成的物理层，中间层是逻辑层（也就是代码和算法层），上层是虚拟层（也就是内容层）。在向世界开放的虚拟层，不同的用户在无数的设备之间即时发送和接收数据，创造了一个跨越人、国家、现实和虚拟的元宇宙空间。元宇宙空间的跨越性决定了元宇宙空间安全需要国家主权法律的保护，但它并不完全属于单一国家主权的范畴。物理层的网络基础设施在现实世界中是有

形的、协调的，所以属于传统安全的范畴。与物理层不同，元宇宙空间的逻辑层是不可见、不透明的，其关键网络资源主要由全球互联网技术社区定义，不属于任何国家的主权管辖范围。

图8.8　元宇宙的三层结构

3.三个安全要求

元宇宙的三层结构对应三个安全要求：一是物理层关键基础设施的安全，二是网络运行和逻辑算法层的安全，三是信息和数据虚拟层的安全。这三个安全要求覆盖了个人、国家、真实和虚拟空间，构成了全球安全的需要。

总之，元宇宙是一种新的空间，清楚地认识元宇宙的本质是立法的前提。正确的观察方法应该是用物理性的角度观察元宇宙的物理空间，用虚拟性的角度观察元宇宙的虚拟空间，用跨越式的方式观察元宇宙空间。如果将三者混淆，就会产生认知差异。按照这种方法，网络空间安全不仅包括网络的物理安全，还包括数据、算法等虚拟空间的安全。同时，推动构建网络空间命运共同体，实现本国人民与其他国家人民的互联互通、合作共享，是实现网络空间飞跃的意义所在。

8.3.2 法律实施与执行——执法与司法

1.去中心化下的"执法与司法"

顾名思义,执法就是对法律的掌控、对法律的传播和实施。执法指执行法律活动。由于元宇宙是去中心化的,所以关注的核心是谁来实施法律以及法律实施后结果的可接受性。

群体共识是维持元宇宙存在的关键因素。因此,元宇宙内的争议解决也必须符合群体共识。同时,由于元宇宙本身的复杂性,相同类型的争议可能不会有相同的解决结果。换言之,争议解决的结果本身不再是核心,争议解决的可接受性可能更重要。

2."民意"与"地方权利"

现代性的一个重要特征是人类跨越传统边界以实现更大程度的融合。元宇宙的出现让国家内部的许多个体从物理边界中脱离出来,形成了一个由多种力量主导的全球网络空间,可以在很短的时间内汇集和表达舆论,并产生舆论。舆论往往是情绪化的,容易被他人利用。从2009年伊朗总统大选引发的"推特革命",到2011年以来美国在阿富汗和伊拉克战争文件的维基揭秘系统披露,以及动荡的"阿拉伯之春"和"占领华尔街",舆论与霸权、网络巨头的结合及其背后的资本力量,形成了新的网络空间力量形态,成为网络空间安全威胁的巨大来源。

8.4 元宇宙的法律风险

元宇宙可能会面临上瘾、歧视、骚扰和暴力等问题，并且这些问题不可避免地会蔓延到现实世界中。西方学者现在更加关注隐私、个人数据安全、广泛篡改真实活动、心理健康和成瘾问题，尤其关注儿童的身心健康。元宇宙也可能带来新的社会问题。例如，元宇宙的沉浸式体验会对年轻人的成长产生负面影响。它很容易成为上瘾的"数字毒药"，让一些人长期地沉浸在创造理想生活环境的元宇宙中。随着时间的推移，知识和行为可能与现实世界的人们脱节。人类永远无法生活在一个无法制造和满足基本物质需求的虚拟世界中。当你沉迷于虚拟数字空间时，你最终会被饥饿的肚子吵醒，更何况我们是以虚拟数字人身份进入元宇宙的。虚拟数字人是元宇宙中现实人类的化身。创建数字人时，需要根据现实人类数据制作完整副本。个人数据和隐私的保护是一个难以解决的问题。虚拟数字世界与现实世界的强烈反差所引起的不满和仇恨，以及对婚姻、爱情、生育、人际关系、心理健康、生产和消费的影响，将随着元宇宙的发展日益突显。

8.4.1 隐私权与个人信息权的保护

在互联网时代，随着人们对数字环境依赖的加深，数据量每年都在成倍地增长，这些携带着个人隐私信息的数据可能在未经所有者同意的情况下被出售或用于其他商业目的，商家在收集、分析这些隐私数据后，很容易就可以描绘出个人画像，跟踪个人的生活轨迹，以便其有针对性地设计产品和投放广告。此外，这些数据也可能被不法分子获得以用于违法活动。在元宇宙中，人们将在更为复杂的数字世界中开展日常活动，数据量成指数级增长，隐私数据将变得更难保护。因此，除在技术层面外，我们也需要进一步完善保护个人隐私数据的相关法律法规。

1. 国内外隐私权的设定

英国法学家詹姆斯·斯蒂芬是最早关注西方学术界隐私问题的人之一。他在《自由·平等·博爱》一书中对自由的内涵进行了深入的研究，认为保护公民的隐私是非常必要的。直到 1890 年，西方理论界才正式提出"私人生活"的概念。大约在这个时候，哈佛大学法学院教授 Louis D. Brandeis 和 Samuel D. Warren 在《哈佛法律评论》上发表了著名的文章"The Right to Privacy"（关于隐私权）。在这篇著名的文章中，两位学者创造性地定义了隐私权。他们认为所谓的"隐私"是指自然人独处的权利。我国 2020 年5 月通过的《民法典》规定："隐私是自然人的私人生活安宁和不愿为他人知晓的私密空间、私密活动、私密信息。"基于上述理论和观点，隐私权是指自然人享有的不受他人干扰以及保护个人信息、私人空间和私人活动的权利。

2. 个人数据及隐私保护

元宇宙带来的最棘手的法律问题是用户的个人数据和

隐私权保护。在元宇宙中，用户看到的虚拟世界将在每个人之间共享。这意味着可以轻松共享数据，虚拟世界可以与任何登录用户交互，并且用户可以立即获取有关其他用户的信息。因此，元宇宙意味着每个人的办公室和家中都会有更多的传感器。当我们在世界各地互动和移动时，这些传感器会监控我们。换句话说，这些增强现实设备也是监控设备。此外，元宇宙可以识别其他人，因为每个用户都是唯一的（类似于 IP 地址）。这意味着虚拟现实头盔或眼镜可以根据人们的意愿进行跟踪和定位，这就使个人的隐私受到极大的威胁。黑客可以利用元宇宙广泛的技术集成来攻击目标（因为技术和系统集成得越多，安全漏洞就越多），进行窃取个人数据、跟踪、数据挖掘、未经授权访问限制区域等活动。在线活动中存在用户隐私信息被非法收集的风险，但是，这种类型的活动通常更容易识别。避免这些问题的一个简单有效的方法是尽量减少与这些隐私相关的活动的交互。对隐私感兴趣的用户还可以使用阻止cookie 跟踪器等的软件。无论是个人隐私还是社会隐私，重视隐私的人都有义务避免使用破坏这些价值观的服务。然而，如果个人的自主性要求受到压迫，除非大多数用户避免允许访问他们的数据，否则人们将无法保证个人隐私的安全。但由于大数据的收集，即使是那些重视隐私的人也面临风险。

基于对网络上下文的分析，自然人是一个独立的个体。当然，自然人不包括法人。但自然人和法人的区别不容忽视，如果用同样的要求来规范自然人和法人，立法的目标将达不到预期的效果，制度设计也会面临一些困难。因此，从本质上讲，保护个人信息就是保护个人。

8.4.2 所有权

Coinlist 创始人 Naval Ravikant 说道：

"可拥有元宇宙中物品的人只能是巨头公司，这是一个奇怪的想法，这基本上是说只有扎克伯格被允许拥有元宇宙，只有他可以拥有整个元宇宙，为什么我们每个人不能在元宇宙中拥有自己的房间、自己的财产？因此，否认 NFT 以及 crypto 的人基本上在说：'我们不会拥有一个集体所有的未来，我们将拥有一个企业所有的未来。'

我曾以为，我们要做的是用支持 Web 3.0 的原语以及由此产生的网络来取代 Uber、Facebook 和 Twitter，但现在我不一定这么认为，我认为我们只是要创造我们甚至无法预测或识别的全新事物。但我们最终会将注意力转移到这些事物上。所以，Twitter 和 Facebook 仍然会很好，会继续存在。但我们将关注这些由 NFT 和 token 等原语独特启用的新应用程序。"

1. 元宇宙需要真实感，而真实感的关键是虚拟物品的所有权

因为"元宇宙"是"虚拟世界"，这里最重要的不是"虚拟"而是"世界"。"虚拟"的东西，我们已经见过很多了。真正令人兴奋的是"世界"，而"世界"最重要的就是"真实"。什么是真实？是 VR 和通信技术带来的真实的

即时高帧率的视觉效果，是利用人工智能和图像处理技术做出的真实的模拟世界和与真人一样的NPC，还是指所有的人物背后都是真实世界的玩家？不，这些都不够真实。

其实想想做过的梦就知道了，答案非常简单，那些你确定属于你且不会失去的东西，才是真实的。它们不同于梦里的东西，不会因为梦突然醒了而消失。简而言之，真实的核心就是虚拟物品的所有权。

当我们确信那些炫酷的装备、稀有的卡片、建造的房子、购买的衣服、冒险故事以及互动和好友列表都属于自己时，才确定它属于自己。我相信这个世界和它的内容在游戏公司破产、停止服务时是真实的，不会因为游戏公司的变化而在一夜之间消失。至少对于已经习惯了互联网巨头控制的世界的这一代人来说，很难在心理上相信物品是"在某个组织的某个服务器上存储的一串数字"。

2. 数字化物品的归属问题

如果你在游戏公司的数据库中拥有一件物品，游戏公司就保证你拥有它。你需要记住你在游戏公司服务器的凭据，即用户名和密码，然后打开应用程序登录，公司会在验证后告诉你"你的账户中有此项目"。但从心理上和逻辑上来说，你可能会发现自己实际上并不"拥有"此物品，因为游戏公司控制着身份验证和所有数据。如果你忘记了用户名和密码，那么你将丢失它们。另外，游戏公司的管理员可以以管理员权限随意登录你的账户，更改你的账户信息。从这个角度来说，你顶多和游戏公司共同拥有这些物品，至少游戏公司会告诉你"所有的数据都属于公司"。那么，是否有法律保障你对自己的文章的所有权？不幸的是，尽管有法律，但是缺乏可操作性。

3. 区块链是能让你在虚拟世界中"拥有"某些东西的技术

当你拥有一个比特币，或者在区块链上拥有一个 NFT 时，你就会拥有这个区块链的私钥。但是，如果你正在使用钱包应用程序并且用自己的账号和密码登录，那么该钱包应用程序就会显示你的账户中的比特币或 NFT 信息。钱包应用程序只是一个服务提供者，只负责从某些共识节点获取有关通道数据的信息。就像你始终记得银行卡密码，但黑客仍然能窃取你账号里的储蓄金额一样。

简单来说，区块链是一个由信息块组成的链。区块链技术可以通过点对点网络实现数字资产的安全共享，文件存储在网络上的节点中。作为一种 P2P 技术，它消除了第三方参与，数据是安全的，分布于多个节点，并且是不可变的。《华盛顿时报》特约撰稿人 Dan Boylan 认为，区块链之所以安全，关键在于对数据的任何一点改变都会马上被发送给所有用户并生成一份安全可靠的记录。正因为每个用户手中都有这样一份记录副本，即使有个别用户遭遇黑客攻击，整个数据库也是安全的。

8.4.3 知识产权

1. 元宇宙中知识产权的设定十分复杂

每当创建一个新的网络社区或虚拟世界，都会出现一个问题：谁拥有在此环境中创建的作品的版权？如果商标在现实世界中受到保护但有人在虚拟世界中使用它的话，对此可以提出索赔吗？当虚拟世界中的用户基于现实世界中的各种生产资料生成全新的资料时，事情会变得更复杂。虽然现实世界的用户必须获得他人知识产权的许可这一法律准则很明确，但元宇宙的到来势必引发知识产权诉讼的洪流。

这对当今世界的企业或创作者提出了挑战，即他们需要合理的策略或方法来保护其在现实和虚拟世界中的知识产权。这些内容或产品提供者应与元宇宙监控者合作，定期检查是否存在侵犯商标或注册商标等情况。此外，提供者还面临元宇宙用户如何使用其创建的内容或财产的问题。

当我们在元宇宙社会进行创作时，会产生有价值的内容，这涉及谁拥有知识产权的问题。在现实世界中，版权问题已经非常复杂，在复杂的虚拟世界中，利益关系只会更加复杂。另外，在元宇宙中产生的内容是否能在现实世界中得到认可？需要采取哪些步骤来确保元宇宙中生成的内容在现实世界中得到认可？所有这些都涉及复杂的属性认证和完整性检查等。参与者在元宇宙中创作内容并相互交流和分享时，均参与了上述有价值内容的所有权和权利保护。法律在保护智力成果方面具有明确而坚定的地位。然而，在元宇宙中，如何保护参与者通过虚拟世界中的某些技术创造的智力成果，是政府、企业、创作者乃至整个世界都面临的问题。

2. 元宇宙中知识产权多以信息数据形式存在

在元宇宙中形成的知识产权主要以信息数据的形式存在，这种信息资源在大多数情况下是有形的，可以通过屏幕呈现给公众，还有一部分则是无形的。因此，网络环境中的知识产权形式——无论是有形的还是无形的，都有权受到法律的保护，这也是尊重创作者的劳动和智慧的体现。此外，网络知识产权还有一个特点，即它主要是指对权利人所拥有的知识产权的保护，区别于其他形式的产权。这就是我们通常所说的"排他性"。例如，如果两个人拥有完全相同的网络游戏软件，那么两人都可以转售、销毁和捐赠而互不干扰，但游戏的专利属于发明者，而专利权人在一定程度上有权禁止第三方对其发明进行再发明或将其发明转让给第三方，否则构成侵权。

互联网上的知识产权涵盖技术、艺术和文学等多个领域。它几乎涉及生产、生活的方方面面。想象一下，当你在元宇宙中创作的作品第二天出现在现实生活中时，你的内心是什么感受？如果元宇宙中没有合理的知识产权保护机制，人们还会在元宇宙中继续"创作"吗？

8.4.4 身份盗窃与诈骗

1. 身份认证

我们与元宇宙互动的方式将比我们想象的要多，不仅涉及手机和电脑，还有我们无法想象的新界面。例如，智能眼镜将为我们呈现增强现实，旨在提供信息和娱乐。其他技术也将伴随着我们无处不在，让我们有能力做今天看起来很科幻的事情。

在元宇宙中，我们很快就能做与现实几乎相同的事情，无论是线上还是线下。游戏是进入这个新世界的首次尝试，其他形式的娱乐也会随之而来。随着元宇宙的发展，各行各业甚至医学都将涉及，你可以在元宇宙中与医疗人员进行互动和交流，向他们咨询问题，挂号看病。一方面，这是我们梦寐以求的事情，一切听起来都令人难以置信。另一方面，也会带来一些监督管理的问题，主要是那些与身份信息有关的问题。在每个人都躲在数字面具后面的虚拟世界中，你怎么知道在你面前的人究竟是不是自己所指定的那个人呢？当你为虚拟场地或音乐会门票付款时，你如何确定收款人就是真正的收款人？元宇宙中收集了这么多身份数据，我们如何分辨哪些是正确的、哪些是错误的？

2. 身份盗窃——元宇宙最大的敌人

在互联网上，最活跃的创新领域之一是找到建立网络参与者身份和消除欺诈的方法。在万维网的早期，网络相对较小，人们在进行交易时愿意通过电子邮件分享自己的真实姓名和地址，但这种情况只持续了很短的时间。到1995年，像 eBay 这样的网站不仅通过展示待售商品来满足人们的需求，而且还承担了付费商品无法到达最终目的地的风险。当然，风险不应在平台上停留太久，为个人购买订单提供保险的保险公司应运而生。

金融科技最终成为网络欺诈风险的守护者。如今，Stripe、PayPal 和 Dwolla 等支付处理商负责在线验证付款人和收款人的身份。银行和信用卡公司也参与其中，所有这些公司共同收集用户身份证明文件，对其进行验证，然后通过双因素身份验证等方式验证付款信息。

例如，远程医疗很可能成为与医疗保健提供者互动的主要方式。我们将进入数字课堂，我们必须证明我们确实通过了考试而没有请他人代考，才能获得大学学分。技术允许人们用超现实的皮肤和计算机生成的声音来掩盖外表和声音。一般来说，人们想知道正在与他们互动的人就是正在与他们交谈的人。

当今互联网中的欺诈预防行为与未来的元宇宙中存在的欺诈预防行为的主要区别在于要分析的数据量巨大。不可否认，今天要分析的文件数量大大超过了十年或十五年前的想象。为此，每次你在网上开设银行账户或申请贷款时，要求你发送的护照或驾照照片都会被人工智能扫描。有时，监管平台可能会要求你自拍来对比你的文件，这里也用到了人工智能。一些公司甚至发现了如何通过分析视频剪辑来验证身份。有趣的是，这种技术甚至可用于求职面试。在元宇宙中，这些技术都用于验证身份。

3. 改变现状需要技术的改进

在元宇宙中，技术必须迅速改进。我们不仅需要通过机器学习来改进算法，还需要开发算法，以便将音频、文本和行为分析实时应用于我们所写、所说和所做的一切。

需要多长时间才能实现扎克伯格和其他人所说的那种真正的"元宇宙"还有待讨论。归根结底，在真正进入未来的数字世界之前，还有许多技术和伦理问题需要解决。

参考文献

[1] 刘远举. 通向元宇宙的两个方法论：技术与身份 [EB/OL].（2021-09-11）[2021-12-20].http://www.eeo.com.cn/2021/0911/504160.shtml.

[2] 郝俊慧. 不讲法律和伦理的元宇宙都是"架空小说"[EB/OL].（2021-10-09）[2021-12-20].http://www.it-times.com.cn/a/xinwen/tuijian/2021/1009/34859.html.

[3] 贺善侃. 虚拟主体性：主体性发展的新阶段 [N]. 东北大学学报（社会科学版），2006(2): 98-101.

[4] 臧德胜，付想兵. 盗窃网络虚拟财产的定性—以杨灿强非法获取计算机信息系统数据案为视角 [J]. 法律适用（司法案例），2017(16): 69-74.

[5] 朱宣烨. 数据分层与侵犯网络虚拟财产犯罪研究 [J]. 法学杂志，2020，41(6): 121-130.

[6] 瞿灵敏. 虚拟财产的概念共识与法律属性—兼论《民法总则》第 127 条的理解与适用 [J]. 东方法学，2017(6): 67-79.

[7] 亚当·斯密. 国民财富的性质和原因的研究 [M]. 郭大力，王亚南，译. 北京：商务印书馆，1972: 12-13.

[8] 齐爱民，祝高峰. 论国家数据主权制度的确立与完善 [J]. 苏州大学学报（哲学社会科学版），2016，7(1): 83-88.

[9] 程琳. 加快信息网络法治建设维护网络社会安全秩序 [J]. 中国人民公安大学学报（社会科学版），2013，29(1): 1-9.

[10] 王孔祥 . 互联网治理领域中的国际法 [M]. 北京：法律出版社，2015.

[11] 陈晓英 . 中国网络空间法治化将加速前行 [EB/OL].（2014-10-28）[2021-12-20].https://www.chinanews.com.cn/fz/2014/10-28/6724761.shtml.

[12] 王盘明 . 关于首例博客告博客侵犯名誉权案的几点法律分析 [EB/OL]. (2006-10-23)[2021-12-20].http: //www.chinacourt.org/public.

[13] 侯国云 . 论网络虚拟财产刑事保护的不当性—让虚拟财产永远待在虚拟世界 [J]. 中国人民公安大学学报（社会科学版），2008(3): 33-40.

[14] 李红波 . 网络环境下软件的知识产权保护 [J]. 山西高等学校社会科学学报，2007, 19(11): 96-97+147.

[15] 陈云良，周新 . 虚拟财产刑法保护路径之选择 [J]. 法学评论，2009，27(2): 144-148.

[16] 胡云腾，周加海，周海洋 .《关于办理盗窃刑事案件适用法律若干问题的解释》的理解与适用 [J]. 人民司法，2014(15):18-25.

METAVERSE

09
第 9 章

元宇宙与投资

　　资本（capital）是用于投资以获取利润的本金或财产，是人们创造物质财富和精神财富的各种社会经济资源的总称。资本可分为制度性和社会性生产关系资本，其提升或增值是通过社会政治思想等变革来实现的。

　　在 2021 年 9 月 8 日的盘面上，元宇宙全线爆发，中青宝（300052.SZ）、汤姆猫（300459.SZ）等多股涨停。中长期来看，元宇宙吸引了大量投资，有望带来虚拟世界的创新，推动各个产业走向繁荣。

9.1 资本眼中的元宇宙价值

资本是一种流动的价值。资本的运动依次表现为购买、生产、销售三个阶段，其次是货币资本、生产资本和商品资本三种功能形式。资本只有从一种功能形式平稳地转化为另一种形式，并顺利地经历购买、生产和销售三个阶段，才能生产和实现剩余价值。一旦资本停止运转，实现价值的目标就会丧失，资本的生命也就停止了。

投资是指通过购买和持有投资产品，使资金得到利用，并有望获得资金的增值。投资可以获得更高的资金回报，或提供所需的收入，以帮助实现财务目标。很多情况下，要想实现财务目标，来自投资的增值和收入必不可少。

如图 9.1 所示，投资产品包括股票、债券、互惠基金和担保投资证（GIC）。

图9.1　投资产品板块

股票是公司的所有权单位，拥有一家公司的股票使所有者有权以股息的形式获得平等分配收益（如有），持有股票意味着拥有一家公司的部分所有权。

债券是债务工具（可以交易的金融资产），承诺支付指定的利息金额并在指定的到期日返还本金。

互惠基金是一种汇集多位个人投资者的资金，并将其用于购买债券、股票等证券或由基金经理挑选和管理的其他可投资资产的投资产品。

担保投资证是一种存款，可为你的投资提供回报率保证，并确保你的投资本金安全无虞，因此是一种安全的投资方式。

投资是获得回报的一种很好的方式，但风险也很高。因此，在投资前一定要遵循科学的方法和步骤。如图 9.2 所示，投资的过程分为八个步骤。

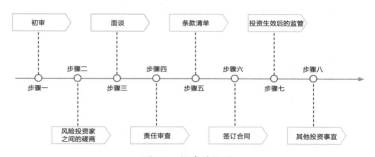

图9.2　投资过程图

初审：寻找最佳投资对象，界定投资的目标和风险承受程度，识别时间框架及流动资金限制，谈判并投资。

风险投资家之间的磋商：对初审的项目书进行讨论，

决定后续是面谈还是回绝，严格管理风险，实现投资组合中风险最小化及回报最大化。

面谈：如果企业家的项目激起了风险投资家的兴趣，投资家会了解企业家的身世和团队背景。这是整个投资过程中最为重要的一次会面，综合质化和量化来谋划长远投资方向，如果面谈顺利，则会进一步了解市场与企业情况。

责任审查：在初次面谈成功的情况下，风险投资家会对企业的市场潜力、技术、团队规模以及管理队伍进行多轮审查，方式包括与潜在用户接触、向技术专家咨询并与管理团队举行多轮会谈。

条款清单：在结束责任审查之后，风险投资家看好该项目的前景，则会对估价和投资形式进行谈判。企业家将会得到一份条款清单，上面会陈列出风险投资家希望得到的股份、企业家的投入以及管理团队将会发生怎样的变化。

签订合同：风险投资家会对3～5年的投资价值进行分析，来预估企业的收入风险。最终影响成交的因素包括四个部分：风险大小、风险资金的市场规模、资本市场时机和退出战略。

投资生效后的监管：由于风险投资家身兼数职，他们往往是以一名咨询者的身份出现的，主要跟踪企业进展情况，定期审查会计师事务所提交的财务分析报告，为改善企业的进展情况提出建议以获取更多利润。

其他投资事宜：风险投资公司为了减少风险，有优先清算的权力，给风险企业带来更多的管理以及咨询资源。

资本的投资需求与虚拟社交需求、创造需求同步高涨，加快了人类信息数字化的步伐，现实世界的场景逐渐过渡到虚拟世界中，元宇宙的市场需求也进一步扩大。

9.1.1　市场需求

市场需求是指在一定的地域、一定的时间、一定的营销环境和一定的营销计划中，某个顾客愿意并且能够购买某种产品或服务的数量。可见，市场需求是消费者需求的总和，也是需求侧管理或理论与实践改革的重要课题。由于市场需求来源于个人需求，因此市场需求取决于决定个人购买者需求的因素。

近期，元宇宙成为资本圈和科技圈的火热话题。字节跳动斥资 90 亿元收购 VR 硬件创业公司 Pico，再次掀起了元宇宙概念的热潮。Facebook 不仅正式更名为 Meta，股票代码也更名为"MVRS（Metaverse 的简称）"，可见其进军元宇宙世界的决心。未来，Facebook 为了推动 VR 和 AR 的发展，将在 Reality Lab 上投资超过 100 亿美元。微软和 NVIDIA 等科技公司也纷纷跟进。

元宇宙的创建也在发展一种新的经济模式。若干底层基础设施已初具规模，譬如，区块链、云计算和大数据为元宇宙的形成和元宇宙的构建过程提供了基础设施。元宇宙也将吸引更多的创新公司投资开发。天眼查数据显示，

2016 年，VR 相关企业成立 1900 余家，当年注册增长率达 65%，创历史新高。2021 年以来，已经成立了 3022 家 VR 相关公司。

元宇宙的价值被众多国际知名咨询公司看好。其中，彭博行业研究报告预测，元宇宙的市场规模将在 2024 年达到 8000 亿美元，而普华永道预测，到 2030 年，元宇宙的市场规模将达到 1.5 万亿美元。

9.1.2　产业板块

"元宇宙"的出现恰恰提供了一种未来社会的生态图景，被认为是数字经济创新和产业链拓展的新疆域，引起了文化界、科技界、资本界、企业界的广泛关注。

元宇宙无疑是当前最强的风口之一，不光是国外头部公司在元宇宙市场高歌猛进，中国的互联网巨头也都纷纷布局。字节跳动、腾讯和阿里在元宇宙的不同产业板块中各有投入，百度则是在各个平台上力推其元宇宙产品"希壤"。尽管元宇宙还处于初级阶段，但随着资本的纷纷入局，元宇宙可能会成为资本的一场狂欢。

资本力量涌入元宇宙产业，多元化的市场带来了投资的多样性。整个元宇宙产业板块由四大部分组成，分别为人工智能与云计算、内容与场景、硬件、底层架构。四大部分紧密结合，相互渗透，为投资带来丰富的可能性。

元宇宙可能会成为下一次的互联网革命，A 股中元宇宙在经过一段时间的调整后，又开始走强，板块指数创出新高，行情有着持续上涨的趋势。从目前来看，A 股相关投资机会包括游戏、AR/VR、云计算等领域，涉及的概念股也比较多。

不过，元宇宙概念虽火爆，但产业发展尚处于萌芽期，最重要的是如何将这些概念落地，并创造出实际的价值，这才是关键点。

9.2 二级市场

二级市场又称次级市场，是买卖已经上市公司股票的资本市场。相比之下，新股发行属于新发行证券的一级市场。二级市场是任何旧金融商品的交易市场，可为金融商品的最初投资者提供资金的流动性。这里金融商品可以是股票、债券、抵押、人寿保险等。各种资产的二级市场可能有所不同，种类从贷款到股票，特点从零散到集中，从非流动到非常流动。主要证券交易所是流动性二级市场最明显的例子——在这种情况下，金融商品是公开交易公司的股票。

二级市场在新证券被发行后即存在。一旦新发行的证券被列入证券交易所里，也就是做市商（Market Maker）开始出价和提供新证券之后，投资者便可以比较轻松地进行交易。各国的股票市场一般都是二级市场。与美国等西方国家比较，抵押贷款、人寿保险等金融产品的二级市场在中国大陆基本上还没有形成。

不仅仅是企业，越来越多的地方政府也开始关注这一全新赛道，试图抢占发展先机。二级市场涨停潮更是一波接一波，直到最近才有所降温。但是，元宇宙行情被广泛诟病，因为原本应该先由风险投资培育企业，然后等项目成熟了完成 ABC 轮融资，再到公开市场进行募资和交易。这和过去多年中国投资界的经验不太相符——二级市场先炒起了元宇宙，先于一级市场。也就是说，风险投资者直接用公开交易股票的方式去"投资"有元宇宙相关经营计划的企业，成为公开市场的投资者。实际上，二级市场的交易并没有直接为企业布局元宇宙提供资金。

9.2.1　美国资本市场

美国科技巨头在元宇宙的投入上是最为激进的，得益于多年在元宇宙的积累和布局，它们的基础设施和功能性平台建设完善，在全球元宇宙产业中扮演着领导者的角色。其代表企业的情况如下。

1. Roblox

Roblox 由 Roblox 客户端应用程序、Roblox Studio 创作平台组成。客户端是虚拟世界的大门，用户在客户端可以尽情探索、社交、消费，这也是公司收入的主要来源。创作者依靠大量的平台分成，也迎来了春天。

在客户端，玩家通过 Roblox 平台发行的货币 Robux 进行购物和交易。虚拟货币与会员订阅为 Roblox 赚取了大量的收入。另外，每个玩家也可以是创作者，通过自己的智慧，设计独具个性的道具、角色和皮肤，与其他玩家分享创造的喜悦，并通过出售道具，获取不菲的平台分成费用。

Roblox 公司公布了一系列的数据，从图 9.3 得知，2021年第三季度（Q3）开发者分成占到 Roblox 总收入的 26%，这也说明了开发者生态对于元宇宙的重要性。除了玩家花钱购买游戏装备外，Roblox 还会把 Premium 会员的游戏时间作为开发者分成的一部分。由公开数据可知，2020 年开发者一共拿到的分成超过 3 亿美元，其中接近 1300 人的收入超过 1 万美元，更有 305 人的收入超过 10 万美元。由于人性化的开发者分成政策，Roblox 吸引了 800 多万名开发者。随着公司规模不断扩大，业务量急剧增长，一个运作健康、持续发展的元宇宙大厦正在拔地而起。

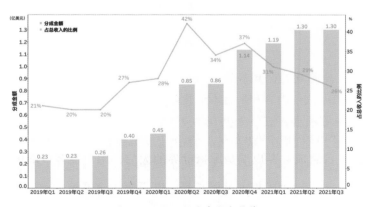

图9.3　Roblox开发者分成趋势

如图 9.4 所示，2020 年第一季度（Q1）后，Roblox 连

续几个季度营收的同比增长率都超过了 20%。众所周知，营销一向是互联网公司、游戏公司支出的一大来源，与国内 B 站高达 30% 的营销成本相比，Roblox 花在营销上的成本微乎其微，只有 3%。这说明，不依靠营销，仅仅依靠自身的产品实力就撬动了市场。这些财务数据表明，Roblox 的商业模式具有飞轮效应，使其具有内生增长的能力。

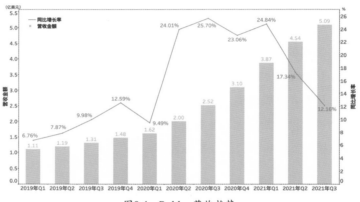

图9.4　Roblox营收趋势

全球化是公司高速发展的必经之路。视频流媒体巨头 Netflix 执行内容和平台本地化政策，在韩国投资了电视剧、电影等项目，五年来共花费 7700 多亿韩元，《王国》每集耗资 20 亿韩元，成为当时 Netflix 海外投资最高的电视剧，该电视剧获得了极高的关注度并得到了世界各地用户的好评。可见，为了打入韩国市场，甚至攻占全球原创内容市场的高地，Netflix 展现了惊人的野心与雄厚的实力。而在日本市场，Netflix 结合本地 ACG 文化，投资或收购了大量的超人气动画作品。

Roblox 吸取 Netflix 的本地化政策经验，与腾讯合作，合资完成本土化开发运营，在中国推出 Roblox 中文版《罗布乐思》。图 9.5 展示了 Roblox 各地区用户在线时长的情况，从图 9.5a 可以看出，2021 年北美与加拿大地区的用户在线时长占比最大，达到了 29.71%。而欧洲地区用户的在线时长占比由 2019 年的 27.37% 下降到了 2021 年的 25%。图 9.6b 展示了不同地区用户在线时长的增长率情况。2021年第三季度（Q3），Roblox 平台总时长的增长主要来自亚太地区以及其他地区，同比增长分别为 40.37% 和 15.69%。欧洲地区同比增长 8.65%，北美与加拿大地区增长 3.88%。

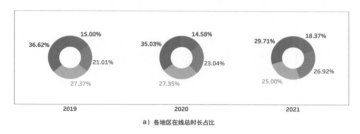

a）各地区在线总时长占比

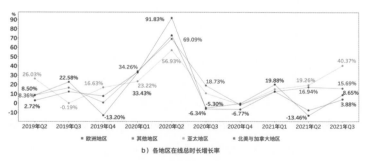

b）各地区在线总时长增长率

图9.5 Roblox在不同区域不同季度的平台总时长

玩家充值 Robux 币是 Roblox 的主要现金流来源。现金流是公司的"血液"，如果一个公司缺乏足够的现金流，在扩展新业务上可能会遇到阻碍。如图 9.6 所示，Roblox 的现金流极为充足。

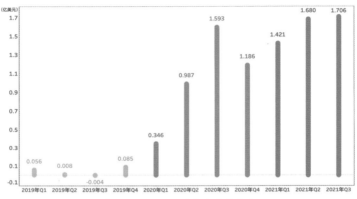

图9.6　Roblox不同季度的现金流

2. Facebook

扎克伯格早就将眼光盯上了 VR 领域，很早就收购了该领域当时的独角兽公司 Oculus VR，并畅想用 Facebook 作为元宇宙的中心，连接万物。随后 VR 社交平台 Facebook Horizon 发布，用户可以在这个平台上创建游戏和环境，并可以用虚拟形象与朋友进行社交。此外，在游戏方面也不甘落后，收购了有能力与 Roblox 一较高下的游戏工作室 Unit 2 Games，该工作室的游戏创作和发布平台 Crayta 与 Roblox 有类似的理念。最核心的是，Facebook 作为全球最大的社交平台之一，其 UGC+ 社交的理念构成了早期的元宇宙概念。

2021 年 9 月 27 日，Facebook 提出，计划在两年的时间内打通与政府、行业伙伴、学术机构的通道，共同商讨构建元宇宙可能会遇到的问题，并宣布投资 5000 万美元设立 XR 计划和研究基金，用于探索和研究元宇宙的生态规则。同年 10 月 28 日，Facebook 正式宣布更名为 Meta，扎克伯格在解释公司为何改名时，用一段视频直观展示了元宇宙的未来：可以创造一个虚拟的"家"，邀请熟悉的人开展社交，戴上设备就可以进入一个虚拟的工作空间与同事一起工作，甚至可以创造一个虚拟世界。依托 VR、AR、AI、区块链底层技术，Facebook 呈现了元宇宙的生态愿景。Facebook 的投资词云如图 9.7 所示。

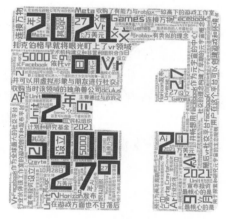

图9.7 Facebook的投资词云

3. 微软

2021 年 11 月 2 日，微软在 Ignite 大会上宣布，将在自家的会议和视频通话软件 Microsoft Teams 中加入 3D 头像与沉浸式会议功能，强化虚拟环境和用户体验，并表示 Teams 用户在 2022 年上半年有望在网络会议上化身 3D 卡通形象。此外，微软也发布了 Mesh、Azure OpenAI、Loop

等多个产品。这些商务场景丰富了微软元宇宙的元素。

不仅仅在办公领域延伸到元宇宙，微软 CEO 纳德拉还表示，Xbox 游戏平台更是元宇宙的一大沃土，有着无穷的潜力等待挖掘。《光环》《地平线》《我的世界》等第一方大作给了玩家们十足的期待。在游戏领域多年的深耕，给予了微软布局元宇宙十足的信心，Xbox 游戏平台接入元宇宙势在必行。

4. Epic Games

Epic Games 是美国的一家电子游戏与软件开发公司，这家公司研发的虚幻引擎帮助了众多开发者，《战争机器》系列、《无尽之剑》与《堡垒之夜》等大热游戏都是基于该引擎开发的。但是这家公司的野心不止于此，其在 2021 年 4 月宣布，将投入 10 亿美元专注于元宇宙的布局。

不过，Epic 首席执行官 Tim Sweeney 也强调，元宇宙不是单个行业巨头的作品，而是数百万人的集体创造，这并不是一家公司能掌控的东西。

9.2.2 中国资本市场

如今，在全球疫情的影响下，虚拟现实产业进入新一轮爆发期，据中国电子信息研究院和虚拟现实产业联盟等单位联合发布的《虚拟现实产业发展白皮书（2021 年）》，2021 年 1～9月，虚拟现实产业累计投融资金额已达到 207.09 亿元。国内大厂在商业嗅觉上丝毫不输于美国，一些代表企业的情况如下。

1. 字节跳动

字节跳动紧跟其他大厂步伐，在 2021 年 4 月战略投资了号称中国 Roblox 的游戏开发商"代码乾坤"，该开发商旗下有青少年创造和社交 UGC 平台"重启世界"（Re-world），紧接着在 8 月以 90 亿元收购了 VR 厂商"小鸟看看 Pico"，剑指元宇宙的雄心溢于言表，如图 9.8 所示。2020 年 Pico VR 市场份额位居中国第一，其中第四季度份额高达 57.8%。2021 年 9 月，字节跳动又在东南亚地区上线元宇宙社交产品"Pixsoul"，不论是硬件还是软件，字节跳动都在跃跃欲试。与 Facebook 收购 Oculus 类似，字节跳动想要凭借自身在社交、内容、全球化方面的优势与经验，将自家的办公软件、社交软件和游戏整合到下一代颠覆手机的终端设备中，去构建属于自己的"元宇宙"。

图9.8 字节跳动元宇宙投资图

2. 腾讯

"元宇宙是个值得兴奋的话题，我相信腾讯拥有大量探索和开发元宇宙的技术与能力，例如在游戏、社交媒体和人工智能相关领域，我们都有丰富的经验。"腾讯 CEO 马化腾首度公开回应投资人所关注的元宇宙话题时提到。

腾讯依靠自己先天垄断性的社交网络优势，覆盖了整个中国互联网生态圈，是国内最能从元宇宙概念受益的互联网公司之一，目前腾讯的布局正好切中元宇宙的基础核心。截至 2020 年 12 月，微信月活 12.25 亿，是中国第一大社交网络，QQ 月活 5.95 亿，仅次于微信。腾讯在各个细分内容上也占据优势，不论是在游戏领域还是在文娱产业，都是国内的领头羊。

不仅如此，腾讯还试图布局 VR/AR，分别投资了 AR 眼镜公司 Innovega、VR 演出服务商 Wave、VR 游戏公司威魔纪元、数字动漫制作公司魂起网络、VR 电影公司 Original Force，还包括要做"社交元宇宙"的中国虚拟社交软件 Soul、美国游戏巨头 Epic 等，在硬件、平台和内容三方面都做出了强有力的回应。

由于 Roblox 名声在外，自然吸引了这个中国巨头的目光，如图 9.9 所示，Roblox 与腾讯合资成立了一家合营公司"罗布乐思"，Roblox 持股 51%，腾讯持股 49%，计划上线中国版的 Roblox 平台"罗布乐思"。Roblox 主要提供"罗布乐思"底层技术开发、平台内容，腾讯则负责中国地区的发行、营销等，这也是腾讯投资的一贯作风。该合营公司旨在培养游戏开发生态，向中国青少年传授编码基础、游戏设计等技能，举办高校游戏创意比赛等，扶持优秀的开发者和作品。

图9.9　Roblox与腾讯共同出资成立合营公司"罗布乐思"

经过两年的开发者生态培育和发展，中国版《罗布乐思》获得了版号，在国内网友的关注下，游戏上线第一天就冲入 iOS 游戏免费榜第一名。可见，腾讯的本地化战略做得非常不错。

不光是本地化战略，腾讯的整个产业结构都具有先天性的优势，从底层技术（包括但不限于游戏开发引擎、云服务、大数据中心）到中层覆盖广泛的产品和成熟的社交网络的生态互通，再到上层组织架构管理、对 PCG 部门的战略调整。同时，腾讯对外投资的布局也遍布互联网生态的各个方面，包括电子商务、直播、陌生人社交和本地生活等。图 9.10 是腾讯的投资词云。

图9.10　腾讯的投资词云

此外，早期元宇宙的核心是社交、内容与娱乐三驾马车齐头并进。基于元宇宙的变现方式，腾讯得益于其游戏业务，让广告业务和其他内容业务穿插在其中，获得大量收益。基于元宇宙对底层技术的要求，腾讯的云服务、金融支付业务等也将获得发展。

在金融方面，为了对抗另一支付巨头支付宝，微信凭借自身流量基础与生态构建，日均支付笔数已领先支付宝，腾讯金融业务产品线仍在不断完善中。此外，理财、小额贷款等高利润业务也将在信用体系的逐步搭建下贡献更多收益。"元宇宙"概念的重点之一就是数字经济文明，腾讯的金融科技业务具备构建虚拟货币体系的想象空间。

9.2.3　日本资本市场

日本资本市场在元宇宙的投资方面不同于中美大厂，中美资本市场注重大而全，而日本则更具本地个性化特色，依靠发达的游戏产业和二次元市场，保持了强大的用户黏性，为国际元宇宙市场注入了新力量。一些代表企业的情况如下。

1. Gree

日本社交网站巨头 Gree 称，将以子公司 REALITY 为中心开展元宇宙业务，预计到 2024 年将投资 100 亿日元，在全球范围内发展一亿以上的用户。Gree 对元宇宙的构思最早可以追溯到 2007 年在其产品内推出的虚拟空间服务，当时就已经形成了"虚拟世界＋社交网络"的发展方向。这对 2004 年成立的 Gree 来说是一次理念上的转型升级。

该公司认为，虚拟世界不是只有 3D 世界，其社会性才是至关重要的。在 Gree 的构思中，REALITY 将成为一个高自由度的元宇宙。用户可以制作自己的虚拟空间和虚拟物品，还可以通过参与元宇宙中的游戏和出售原创虚拟商品获得经济收入。"个人房间""宠物"和"虚拟形象"都是让用户感受到生活气息并把 Gree 平台融入日常生活的一种方式。通过"个人房间"对现有功能的整合，Gree 平台可以构建起一个完整的虚拟世界。一个强大的元宇宙应该向用户提供有助于构建人际关系、长时间停留在虚拟世界的机制。

2. 索尼

在游戏方面，索尼坐拥的 Playstation 生态牢牢把握了主机游戏生态，相比于竞争对手微软和任天堂，索尼在元宇宙 VR 游戏方面的动作更为积极，PS VR 结合自家游戏生态，是其他厂商难以比拟的。

不仅如此，索尼还推出了 Dreams Universe，用户可以在其中进行 3D 游戏创作、制作视频，并分享到 UGC 社区。来自 IDC 的数据显示，Facebook 占据了 VR 市场 38.7% 的份额，索尼排名第二，市场占有率达到 21.9%，索尼在游戏元宇宙上大有可为。

3. Hassilas

日本 VR 开发商 Hassilas 公司也已正式宣布其最新元宇宙平台 Mechaverse。该平台无须用户注册，直接通过浏览器就可以访问，商务用户更可在此平台上快速举办产品发布会，并为观众提供 3D 模型体验和视频介绍。Mechaverse 平台提供了诸多的服务项目，包括但不限于虚拟音乐会、虚拟体育场，并且支持高达 1000 人同时在线。

9.2.4 韩国资本市场

韩国科技部的一位官员表示，韩国政府希望在元宇宙产业中发挥主导作用。根据韩国政府公布的 2022 年财政预算，在总共 604.4 万亿韩元预算中，政府计划拨出 9.3 万亿韩元用于加速数字化转型和培育元宇宙等新产业。一些代表企业的情况如下。

1. 三星

三星集团推出了元宇宙基金 "Samsung Global Metaverse Fund"。该基金一经推出便大受欢迎。

此外，在 VR 领域，三星为视觉障碍人士开发的 VR 眼镜，有角膜混浊症状的人戴上后可以看到更清晰的轮廓。在配套软件的加持下，还有折射障碍和高度近视的矫正效果。这立马成为投资的热门领域。

在 2020 年的国际消费电子展上，最独特的科技项目之一是由三星科技和先进研究实验室 STAR Labs 设计的 "人造人" Neon，它能像真人一样快速响应对话，几乎可以实时回答问题，同时做出微笑或挑眉等表情，且每次微笑都不相同，因为它可以构建机器学习模型，在对人物原始声音、表情等数据进行捕捉并学习之后，像人脑一样形成长期记忆。虽然这些产品还未量产，但是一旦技术成熟，这将会成为资本投入的爆发点。

2. SK telecom

JUMP AR 是 SK telecom 公司推出的基于 AR 的 App，

用户可以设计自己的 AR 形象并放置在现实场景中拍摄照片、视频。此外，该公司还与众多明星联名推出明星的 AR 形象，使用体积视频捕捉技术（Volumetric Video Capture Technology），使得用户与偶像可以随时随地合影留念，拉近明星与用户的距离。

3. Zepeto

Zepeto 是近期比较热门的社交手游，玩家可以在游戏中快速定制属于自己的 3D 虚拟角色，并根据自己的喜好进行装扮。此外，还可与自己的朋友进行互动拍照、制作表情包、让虚拟头像跳舞、制作 TikTok 短视频，或在 Instagram 平台上发布照片等。

Zepeto 获得了 2300 亿韩元融资，其中软银公司为主要投资者，不仅如此，其他韩国娱乐巨头公司（包括 HYBE、JYP 和 YG）也都参与了此次投资，这标志着娱乐业大规模进军元宇宙。

Zepeto 还与时尚名牌 Gucci、Nike、Supreme 等合作推出了系列联名虚拟产品。Zepeto 目前拥有 2 亿使用者，其中有 90% 来自海外，80% 的用户是 10 多岁的青少年。其举行了韩国偶像"BLACKPINK"的虚拟签名会，有超过 4000 万人参加。

9.3 一级市场

一级市场又称发行市场、初级市场（Primary Market），是处理新发行证券的金融市场。筹集资金的公司、政府或公共部门通过发行新的股票和债券来进行融资。一级市场是资本市场的一部分，发行人直接向投资者发行和出售股票证券的工作在这里进行。这一过程通常由证券商的辛迪加（企业联合组织）或证券承销商（保证购买全部发行的股票或公债的人）完成，发售新证券的过程被称为承销（underwriting），也称首次公开募股（IPO），证券承销商从中抽取佣金。

一旦初次交易完成，其后续的交易行为会在二级市场上完成。通常此市场无固定的发行时间与地点，属于无形的市场，发行方式随发行目的而变。

那么一级市场和二级市场的分界线是什么呢？是企业的股份是否证券化。企业的股份证券化之前，对于企业股份的交易，就是一级市场。企业的股份证券化之后，变成股票，变成了所有权标准化凭证之后再在公开市场上进行流通，就是二级市场。

目前，"元宇宙"这个标签已经如概念股一样存在，与"虚拟货币""区块链""人工智能"类似，似乎蹭到这些概念就会火。不仅是互联网公司，就连还没有实质行动的企业，也在纷纷注册元宇宙商标。

元宇宙一级市场投资火爆，近日虚拟办公平台 Gather 宣布完成 5000 万美元 B 轮融资，红杉资本和 Index Ventures 领投，Dylan Field（Figma）、Jeff Weiner（LinkedIn）、协议实验室 CEO Juan Benet、Lachy Groom、Elad Gil、YC Continuity、Neo、Haystack 等参投。

9.4 投资风险

投资风险是指投资主体为实现其投资目的，而对未来经营、财务活动可能造成的亏损或破产所承担的危险。投资风险是投资主体决定是否投资所进行预测分析的最主要内容。导致投资风险的主要因素有：政府政策的变化、管理措施的失误、形成产品成本的重要物资价格大幅度上涨或产品价格大幅度下跌、借款利率急剧上升等。

元宇宙的投资风险分为七个部分，分别是垄断张力、产业内卷、算力压力、沉迷风险、伦理制约、隐私风险和知识产权。

1. 垄断张力

不局限于现实世界，虚拟世界同样也存在垄断，元宇宙需要完整的货币体系、经济秩序、社会规则、治理体系、文化体系甚至法律约束。所涉及的边界需要集中组织的参与和监督。元宇宙在社会性方面的宣传在一定程度上使得完全去中心化成为一种虚假陈述。生态的封闭性这一根本问题在各个巨头的激烈竞争下难以破除，要做到完全的去中心化难如登天。Epic Games 创始人 Tim Sweeney 认为，元宇宙不是一家公司就能做出来的东西，它是一种大众参与式的媒介形态。而且社会也不会允许元宇宙被一家公司垄断，就像互联网不可能被任何一家公司垄断一样。

2. 产业内卷

元宇宙是在游戏和社交互动的无意识竞争下的概念输

出。除了人才和用户资源的争夺以及监管压力的加大外，游戏和社交的产品模式也逐渐进入瓶颈，相关互联网巨头也进入了相互换股、零换手的阶段。在内向竞争的情况下，迫切需要一个新的概念来重新点燃资本和用户的想象力。尽管资本配置的帕累托改进在新概念的加持下已经分阶段实现，但概念上的突破并没有实质性改变产业内卷的现状。

3. 算力压力

元宇宙是海量多人在线游戏、开放任务、可编辑世界、XR 门户、AI 内容生成、经济系统、社交系统、头像系统、分散拼写系统和现实世界场景等多种元素的集合。目前的技术进步还慢于预期，人类所畅想的真正的元宇宙世界所需要的性能还远未得到满足。它的运行对算法和计算能力在鲁棒性、持续性、低成本性方面要求极高，终极元宇宙尚需极大的技术进步和产业创新，可能还要20～30 年才有可能实现。届时更多工作和生活将数字化，在线时间显著增长。三维数字世界、高智能度 AI 等都将带来人类数字经济高度繁盛。终极元宇宙将是科技与人文的结合，是科技为人的体验和效率赋能，是技术对经济和社会的重塑，在未来的时间里，算法、算力的提升势在必行。

4. 沉迷风险

刘慈欣觉得元宇宙是极具诱惑、高度致幻的"精神鸦片"，担忧人类沉浸在虚拟世界故步自封。由于虚拟形象交互、沉浸式体验及其对现实的"补偿效应",元宇宙天然具有成瘾性。防沉迷政策对于未成年人的限制,在一定程度上降低了元宇宙用户发展的多元性。虽然我们的愿景是让人们在虚拟和现实之间自由切换,但上瘾的风险是必然存在的。在不久的将来,政府对游戏等行业的主导地位也将确立,对虚拟内容的监管必然会更加严格,涉及灰色领域的市场内容是需要被打击的。

另一方面,如果将虚拟世界的价值观、交互逻辑、行业规则与现实世界区分开来,甚至是异化和对立起来,沉浸在虚拟世界中的人就会对现实世界产生不满、憎恨等负面情绪。这种过度沉浸于虚拟世界的行为不仅不会带来快乐,还会带来社交恐惧、社交距离等心理问题,或是婚恋、生育、代际关系等方面的人际关系问题。

5. 伦理制约

在我们的理想观念中,元宇宙是一个高度自由、高度开放、高度包容的"乌托邦"世界。但是作为各种社会关系的超现实主义集合,道德规范、权力结构、分配逻辑、组织形式等复杂规则必须得到明确界定和规范。高度自由不代表行为无限制,高度开放不代表边界无限泛化。如何在去中心化的框架下就元宇宙的伦理框架达成共识尚待多角度探讨。无论是刚刚出炉的《新一代人工智能伦理规范》,还是欧盟对于人工智能与数据的预先监管战略,都是为了规避人工智能与数据的风险而提出的治理方案,与各国和各区域已有的文化、伦理、规范息息相关。

6. 隐私风险

作为一个超越现实的虚拟空间，元宇宙需要对用户的身份、生理反应、行为路径、社会关系、人际交往、财产资源、场景，甚至情绪状态和脑电波模式进行微调并进行实时同步。它对单个数据的规模、类型、粒度和及时性提出了更高级别的要求。作为支撑元宇宙持续运行的底层资源，个体私有数据需要更新和扩展。如何收集、存储和管理这些数据？如何合理授权和合规应用？如何避免被盗取或滥用？如何实现确权和追责？如何防范元宇宙形态下基于数据的新型犯罪形式？

元宇宙将现实生活与虚拟和增强世界紧密联系在一起。用户看到的增强世界将在每个人之间共享。这意味着可以轻松共享数据，增强对象可以与任何连接的用户交互，并且用户可以立即获取其他用户的信息。这些问题还有待解决。

7. 知识产权

侵害知识产权民事案件主要分为著作权案件、商标权案件、不正当竞争案件三种类型。侵害著作权案件占全部涉游戏知识产权案件的85%左右。知识产权问题可以说是数字空间中一直存在的一个"顽疾"，虽然区块链技术为认证、确权、追责提供了技术可能性，但在元宇宙空间中大量的UGC和跨虚实边界的IP应用加剧了知识产权管理的复杂性和混淆性。

元宇宙是一个集体共享空间，几乎所有人都是这个世界的创作者，这也衍生了大量多人协作作品，这种协作关系存在一定的随机性和不稳定性，对于这种协作作品和团体著作权人需要有确权规则。

元宇宙中的虚拟数字人、物品、场景等元素很可能来自或者改编于现实世界的对应实体，这种跨越虚实边界的改编应用很可能会引发知识产权纠纷，包括人物肖像权、音乐、图片、著作权纠纷等。

参考文献

[1] 田贵平 . 物流经济学 [M]. 北京：机械工业出版社，2007.

[2] 卡尔·马克思 . 资本论 [M] . 中共中央马克思恩格斯列宁斯大林著作编译局，译 . 北京：人民出版社，2004.

[3] 赵学毅 . "击鼓传花" 咱玩不起 [N]. 经济日报，2014-1-22 (11).

[4] CHEN J. Primary Market [EB/OL]. (2021-4-22)[2022-1-16]. https://www.investopedia.com/terms/p/primarymarket.asp.

[5] 何盛明 . 财经大辞典 [M]. 北京：中国财政经济出版社，1990.

METAVERSE

10

第 10 章

元宇宙的未来

在前面的章节中,我们已经讨论了构建元宇宙需要的技术基础及元宇宙涉及的安全和法律法规等问题。基于先进技术构建的元宇宙将是一个包罗万象的数字游乐场。伴随着技术革新,各行各业都将迎来发展的新机遇。元宇宙世界勾勒的数字信息革命新时代的蓝图引起了各行业,尤其是互联网行业的高度关注。作为互联网技术的未来,人

们对元宇宙有着诸多期待，基于强大技术集群支撑，永生
科技有可能不再是假想的概念。而在科技感十足的未来场
景下，构建元宇宙也将面临许多问题。

10.1 元宇宙的机遇

虽然元宇宙被认为是互联网的下一次革命，但其实元
宇宙的构建并不局限于互联网领域，其所涵盖的产业十分
广泛，这已经引起投资公司、互联网公司、游戏公司、硬
件公司、技术公司和其他传统企业的高度关注。图 10.1 是
元宇宙所涵盖的生态产业图。圆形的上半部分是发展硬件
及网络基础架构技术的公司，其中包含了云服务器、数字
孪生、人工智能（AI）、广告技术、通信技术及公链技术等
产业；圆形的下半部分是发展软件及应用程序技术的公司，
包含了交互界面、Play-to-Earn 平台、社交平台、虚拟身份
创作以及数字金融等产业。整个元宇宙生态产业覆盖了先
进技术及应用的方方面面。

元宇宙并不是由单一技术构建的，它所依赖的是一个
所有前沿技术的集合。未来元宇宙中的场景也将是在多种
技术的共同作用下实现的。目前，全球科技巨头开展的技
术研发都是致力于改变人类与计算机及人类与虚拟空间的
互动方式。如何让交互更加自然是当前需要解决的重要技
术问题，而这正是实现元宇宙高拟真度、高沉浸感的核心。
前沿技术的发展对构建元宇宙至关重要，与此同时，如何

把前沿技术接入各行各业同样关键。从应用层面看，如今有着元宇宙概念的领域主要集中在游戏行业，而元宇宙的终极形态不能仅仅是游戏。除技术领域外的行业如何在虚拟世界中落地是能否实现元宇宙终极形态的关键。而面对这个人类畅想中的未来世界，各个产业也迎来了前所未有的机遇。

图10.1　元宇宙生态产业图

目前，涉及硬件、后端基建、底层架构、人工智能、内容与场景五个领域的行业已经加大了技术投入的力度。

10.1.1　研发穿戴设备及芯片的硬件板块

Facebook 目前着重于 VR 领域，它于 2014 年收购了

Oculus，并在 Counterpoint 机构公布的 2021 年第一季度全球 VR 设备份额排行榜中以绝对的优势排名第一（75%），大朋 VR 和索尼 VR 则占据了第二和第三名，所占的份额分别为 6% 和 5%。

苹果近几年在 AR 技术领域也有不小的投入，并且致力于自研 AR 开发平台。其于 2017 年推出的 ARKit 已迭代至第五代。

微软于 2010 年推出了第一代 Kinect，它作为游戏的体感周边外设，导入了即时动态捕捉、影像识别、语音识别、原始感测数据流及骨架追踪等先进技术。之后，微软又在 2015 年推出了 MR 头显设备 HoloLens，这款设备不再仅仅应用于游戏之中，它还可以投射新闻信息流及辅助设计师进行 3D 建模。此外，HoloLens 通过环境识别技术，可以为视觉障碍者服务，帮助他们轻松定位，从而选择正确的移动方向。

华为自研海思 XR 芯片平台，可支持 8K 解码能力，提升了视觉设备的清晰度及沉浸效果。并且，海思与 Rokid 合作，推出了基于该 XR 芯片平台的 AR 眼镜 Rokid Vision。海思和 Rokid 的合作，构建了国内 XR 领域从芯片到系统再到体验的完整产业生态。

高通专用 VR/AR 设备芯片 XR1、XR2，可以适用于 Oculus Quest3 Glasses、Hololens2、Nreal 等诸多 VR/AR 设备。同时，高通还推出了骁龙 Spaces XR 开发者平台，此平台支持 50 多种商用设备，可以帮助 AR 设备的软硬件开发。

10.1.2 着力于提升传输速度的后端基建板块

华为涉足了大规模天线（MassiveMIMO）、软件定义网络（Software Defined Network，SDN）、网络功能虚拟化（Network Functions Virtualization，NFV）、网络切片、边缘计算及全频谱接入等 5G 关键技术，并处于行业前列。华为在 2020 年欧洲电信标准化协会发布的全球 5G 标准核心必要专利数量排名中以 1970 件专利技术获得第一。华为有着全球首款 5G 基站核心芯片、华为天罡以及 5G 终端芯片巴龙 5000。

亚马逊从 2006 年开始经营亚马逊 Web 服务（Amazon Web Services，AWS）业务，十多年来发布了 Amazon Nitro、Amazon Outposts 等云技术相关系统，又于 2021 年发布了新一代 ARM 架构自研芯片 Amazon Graviton3。AWS 涵盖了云计算、云监控、私有云、弹性数据块存储、内容支付、人工智能及应用程序等一整套服务，其服务范围覆盖了全球 245 个国家和地区，全球云计算服务的市场份额已达到 46.8%。

10.1.3 涉及核心技术生态环境的底层架构板块

Facebook 已经收购了计算机视觉初创企业 Scape Techno-logy、脑计算初创企业 CTRL-Lab、VR/AR 变焦技术公司 Lemnis 等一批技术公司。未来，它还将大力投资计算机视觉、面部视觉、眼动追踪、人工智能及 VR/AR 变焦技术等领域。

微软有着非常完善的企业元宇宙技术栈，Azure 平台涵盖了 IoT、数字孪生、空间计算、全息镜头、人工智能及自动化系统等多个技术领域。同时微软计划将旗下的混合现实会议平台 Microsoft Mesh 融入聊天及线上会议软件 Microsoft Teams 中。

NVIDIA 的 NVIDIA Omniverse 是用于 3D 设计协作和仿真模拟的平台，它能够与其他数字平台相连接，让虚拟世界具备现实世界的物理属性。该平台的技术高度契合了元宇宙映射现实世界的概念，是构建虚拟场景所需的核心技术。

华为的河图 Cyberverse 是基于空间计算技术的地图软件，它将增强移动设备对空间的识别能力，可以更高效且高精度地提取空间信息。这是实现元宇宙世界与现实世界无缝衔接的关键技术。

10.1.4　提升虚拟环境体验的人工智能板块

Facebook 的人工智能部门为了提升虚拟空间的沉浸式体验，开启了名为 Ego4D 的项目。项目的研发人员采用第一视角拍摄的影像来训练人工智能模型，这有别于之前使用视频及照片来训练人工智能模型的方式，第一视角的训练方式能够使其具备更真实的人类视角。

NVIDIA 在 AI 芯片领域占据着主导地位，自 2019 年开始，全球排名前四的云计算服务供应商亚马逊、谷歌、阿里巴巴及微软，97.4% 的 AI 项目都使用了 NVIDIA 的 GPU。

百度实行"云 +AI"战略，通过其飞桨深度学习平台与百度昆仑芯片积累算法和算力。截至 2021 年 8 月，飞桨的开发者数量累计达到 360 万。

谷歌旗下的 DeepMind 于 2016 年研发出 AlphaGo，2017 年，在 Google I/O 大会上，谷歌提出公司战略将由 Mobile First 转变为 AI First。此外，谷歌旗下还有深度学习算法框架 TensorFlow、人工智能芯片 TPU 以及丰富的安卓核心技术。

10.1.5 关乎日常生活体验的内容与场景板块

Facebook 着力于构建以 Oculus VR 头显为入口的软硬件生态，投资收购了一系列知名 VR 游戏开发商、影视内容制作领域的内容创作公司，如 VR 内容制作平台 Blend Media、VR 游戏 *Beat Saber* 的开发商 Beat Games、云游戏公司 Play Giga 及 VR 游戏 *Population: one* 的开发商 BigBox 等。

苹果的 Apple TV+ 计划引入 AR 功能，App Store 也上线了 AR 应用及游戏。

微软的游戏平台 Xbox 有诸如《我的世界》《模拟飞行》等元宇宙概念的游戏。

10.2 元宇宙与永生科技

人类对于衰老和死亡的抗争从未停止。长生不老一直以来都是人类的美好愿望。很多科学家表示，延长人类寿命是短期内更容易实现的目标，长生不老则有待进一步的研究突破。科技的发展让人们看到了"永生"的另一种可能。

如今，一些科学家、未来学家和哲学家已经提出了关于人体永生的设想：也许我们会识别出控制衰老的基因并对其进行调整，使我们的身体不再衰老；也许我们会创造新技术来制造人造器官，以随时替换掉坏掉的器官；也许人类的永生可以通过数字永生（Digital Immortality）的方式实现。

数字永生是在计算机、机器人或网络空间中通过思想上传的方式存储（或转移）一个人的个性的假想概念。从这个档案中生成一个可以模仿观点、价值观和个性特征的虚拟人作为化身，并且能够以人工智能聊天机器人的形式与其他人互动，这个化身可以继续自主学习和自我提升。很多人都寄希望于这种信念，想要通过创建多个非生物层面的"大脑副本"来实现不朽。

10.2.1 元宇宙永生的入口：脑机接口

脑机接口（Brain Computer Interface，BCI）是指大脑与外部设备（通常是计算机或机器人肢体）之间的直接通信路径，如图 10.2 所示。BCI 技术通常用于研究、映射、协助、增强、修复人类意识或感觉功能。经过多年的动物实验，第一个植入人体的神经假体装置出现在 20 世纪 90 年代中期。最近，科学家将机器学习应用在了脑机接口领域，从脑电波中提取数据进行人机交互的研究。该研究在精神状态（放松、中立、集中）、情绪状态（消极、中性、积极）和丘脑皮质节律失常方面取得了成功。

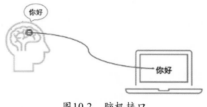

图10.2　脑机接口

BCI 的实施通常有两种方式，分别是利用穿戴设备在大脑外实施连接的非侵入性（non-invasive）方式和将设备植入大脑的侵入性（invasive）方式。由于大脑皮层的可塑性，当大脑适应了脑机接口后，就可以处理来自植入假体的信号。目前，我们还是主要依靠脑电图（EEG）来检测大脑活动信号。但是，脑机接口技术的发展在慢慢转变这种传统的模式。现在的技术已经能够利用多个传感器和复杂的算法提取相关的数据与分析大脑信号，还可以识别大脑模式。目前，大多数主流商用的 BCI 都是使用非侵入性的设备，例如可穿戴头套和耳塞。现有技术下的脑机接口主要是用于让人类可以通过意识操控假肢。

简而言之，BCI 就是大脑和计算机之间的桥梁。目前，BCI 技术还在不断发展中，并衍生出了细胞培养物的脑机接口。这类研究被称为神经芯片（neurochip），它主要是一种设计用于与神经元细胞相互作用的集成电路芯片技术。

2010 年，Naweed Syed 实验室培养出了世界上第一个神经芯片，在微芯片上培养脑细胞，这可以更精准地捕捉大脑活动的细微变化。

未来，利用 BCI 技术获取的大脑活动数据信息或许可以用来构建人类的虚拟化身，结合人工智能及虚拟现实技术，在元宇宙世界中实现"永生"将成为可能。

10.2.2　元宇宙永生的进阶：意识上传

意识上传（Mind Uploading）也称为全脑仿真（Whole Brain Emulation，WBE），目前只是一种停留在理论上的概念。它可以通过扫描大脑的结构，结合大脑活动数据，创建"大脑副本"，并将其转移或以数字形式存储在计算机中，而计算机通过处理这些数据，就可以用与原始大脑相同的方式做出反应，并体验到原大脑的意识。

意识上传的概念听起来十分科幻，但相关领域的科学研究一直都在进行。意识上传领域的研究主要集中在脑映射、虚拟现实、脑机接口、动态功能大脑的信息提取及超级计算机等方面。2013 年，奥巴马公开了"大脑活动地图计划"，该研究旨在绘制人脑中的每一个神经元，从而对人类大脑有一个更加彻底的认知。开始于 2005 年的蓝脑计划（Blue Brain Project）已经模拟出了大鼠的大脑神经网络，并绘制出了大鼠大脑中每个细胞的 3D 图谱。但是由于技术局限及伦理问题，何时能制造出"人造大脑"还未可知。

意识上传领域的研究，让我们看到了永生的可能，或许未来人类的意识可以搭载在机器上，而不必拥有一个生物层面的躯体。这样在虚拟空间中，意识将会永久存在，也就实现了某种意义上的永生。但是，大脑仿真涉及很多文化、法律及道德问题，所以，即使未来技术发展成熟，是否能够普遍应用，也值得商榷。

10.3　元宇宙的限制和问题

元宇宙将会彻底改变人们使用互联网进行交流和互动的方式。然而，在构建元宇宙的过程中也会伴随着一些问题。正如前面章节所述，其中包含了互联网领域固有数据安全问题，也包含了投资安全问题。此外，还可能会产生全新的超出现有认知范围的问题。

10.3.1　技术的覆盖程度

元宇宙的限制之一就是它需要依赖多种先进技术，虽然目前有一些领域的技术标准和协议已经在商业层面上应用，但还有很多技术尚在发展过程中，并没有统一的标准和协议。此外，无论是开发新技术还是购买技术，都需要进行大额的投资，这就无法保证技术的覆盖率及普及率。如果先进技术只能应用在少数发达地区，那么元宇宙的终极形态就无法实现。

10.3.2　人际关系及社交体验

　　元宇宙吸引人的一个因素就是可以重塑人类的人际关系，提升社交体验。人们可以进一步打破物理边界，在虚拟世界与其他人类甚至是虚拟的数字生命在线互动并建立亲密关系。但其实对于这样的景象是否会导致不健康的社会关系还未可知。并且，虚拟生命在安全性方面也存在诸多隐患。

10.3.3　数据安全问题

　　在互联网时代人们就已经饱受隐私问题的困扰，各种应用程序都在读取并收集用户数据。虽然技术人员在数据安全领域做了很多努力，但是非法出售数据等问题依然层出不穷。元宇宙世界中的数据量将是现在的数倍，在虚拟世界中，人们对数据的依赖程度更高，而是否能保障数据安全，解决数据泄露而引发的一系列问题，还是未知。

10.3.4　文化、法律及道德问题

　　元宇宙虽然是映射现实世界的虚拟空间，但是伴随元宇宙而产生的诸如数字生命等新兴事物势必会创建新的规范和文化。而新的文化是否会侵蚀人类现有文化，是否会滋生出超出人类现有认知的法律及道德问题也都还是未知。

　　相较于元宇宙所描绘出的未来场景，公众对这个概念的关注更多是由于其在金融领域的优越表现。目前，元宇

宙概念下涉及的新技术（如加密货币和 NFT 等），对专业知识的要求程度非常高。而普通大众在对专业领域不了解的情况下，如果贸然投资元宇宙相关领域，就会面临较大的风险。在了解了构建元宇宙的核心技术集群之后，我们是否真的需要一个共享的虚拟环境，是在热度之外真正值得考虑的问题。

参考文献

[1] 通联数据 Datayes. 做一个大胆的梦：元宇宙概念下的智能投资平台畅想 [EB/OL]. (2021-10-29) [2022-1-30].https://xueqiu.com/9603265594/201512730.

Unity AR/VR开发：实战高手训练营

本书涵盖Unity3D的基础入门知识、AR/VR开发必须掌握的Unity3D技能以及在不同的AR/VR平台进行实际开发所需要掌握的知识。针对Oculus Quest、Vuforia、AR Foundation（涵盖ARKit/ARCore）、全身动捕技术平台、VoxelSense等几个主流的AR/VR平台和ISDK，本书都会通过实战项目进行讲解。

奇点临近

作者：（美）Ray Kurzweil 著　译者：李庆诚 董振华 田源　ISBN:978-7-111-35889-3　定价:69.00元

　　人工智能作为21世纪科技发展的最新成就，深刻揭示了科技发展为人类社会带来的巨大影响。本书结合求解智能问题的数据结构以及实现的算法，把人工智能的应用程序应用于实际环境中，并从社会和哲学、心理学以及神经生理学角度对人工智能进行了独特的讨论。本书提供了一个崭新的视角，展示了以人工智能为代表的科技现象作为一种"奇点"思潮，揭示了其在世界范围内所产生的广泛影响。本书全书分为以下几大部分：第一部分人工智能，第二部分问题延伸，第三部分拓展人类思维，第四部分推理，第五部分通信、感知与行动，第六部分结论。本书既详细介绍了人工智能的基本概念、思想和算法，还描述了其各个研究方向最前沿的进展，同时收集整理了详实的历史文献与事件。

　　本书适合于不同层次和领域的研究人员及学生，是高等院校本科生和研究生人工智能课的课外读物，也是相关领域的科研与工程技术人员的参考书。